서정환 수필집

동백꽃 사연

서정환 수필집

동백꽃 사연

신아출판사

서정환 작가는 가족과 전주를 사랑하는 것처럼

문학을 사랑한다.

출판 · 인쇄를 사랑한다. 이에 대해 공청회를 열어도

종합결론은 그렇게 나올 것이다.

그가 출판 인쇄인이고 작가인 것처럼,

그가 완판본인 것처럼 이 진실은 자명하다.

머리말

부끄럽다.

그래도 문학 판에서 사십여 년을 놀았는데 번듯한 글 한 편 내놓지 못했으니……. 뒤늦게 등 떠밀려서 선을 보이려니 참 부끄럽다. 나도 모르게 문예진흥기금을 신청해 놓은 직원이 시치미 떼고 있다가 정산 날짜가 되어서야 글을 내놓으라 한다. 기금을 반납하는 것도 체면이 아니어서 부랴부랴 옛날에 발표했던 것을 모아 대충 책을 만들어서 보내고는 잊어버리고 있었다.

책을 냈으면 왜 주지 않느냐, 나하고 무슨 유감이 있느냐? 성화를 대는 친구들 때문에 어쩔 수 없이 부끄러운 글을 다시 인쇄해 내놓는다. 한편으론 못난 새끼지만 내가 낳은 자식이니 모른 척할 일이 아닌 것 같기도 하다.

누구나 재주 한 가지는 갖고 태어난다고 한다. 나는 글 쓰는 재주는 없고 책을 만드는 재주는 있었는지 책을 좋아하고 만드는 일이 그렇게 좋을 수가 없었다

그래서였는지 지금까지 살아오면서 직장도 종이와 관련된 곳에서

일을 했고 직장을 나와서도 종이와 연을 맺고 있는 것이다. 거기에다 내가 살고 있는 전주는 일찍이 목판을 가지고 한지로 인쇄를 한 완판본의 고장이다. 나는 종이와 천생연분이 아닌가 하는 생각이다. 완판본은 조선시대 광무·융희 연간에 전주에서 목판으로 찍은 국문 소설을 말한다. 출판문화가 처음 싹튼 곳이다.

책은 시간과 공간을 초월한다. 옛날 성현이며 학자, 예술가들을 마음 놓고 만날 수 있는 것이 책이다. 만나고 싶은 사람을 아무 때나 만날 수 있는 책. 그런 일에 종사하고 있는 나는 얼마나 행복한가.

너스레가 길었다.

어여삐 봐주시기 바란다.

2013. 8. 24

완판본의 고장에서 서 정 환

CONTENTS

1
오늘과 내일

2

평행선

3

능소화

4
동백꽃 사연

1

오늘과 내일

숨바꼭질

넋두리 · I

넋두리 · II

더불어 사는 삶

전주의 자존심

분수와 욕심과

족보와 전주

정자네 집

오늘과 내일

"엄마! 오늘이 내일이여? 응? 오늘이 내일이지?"

"아냐. 오늘은 오늘이야. 내일은 한 밤 자야 온단다."

"아냐. 한 밤 잤으니까 오늘이 내일이야."

우리 집 막내 여섯 살짜리 영주가 생일날을 기다리며 어느 날 아침 수돗가에서 제 엄마와 나눈 이야기의 한 토막이다.

아침을 먹다가 모녀간의 얘기를 듣고 "참! 오늘이 바로 내일이구나. 아니 내일이 곧 오늘이구나!" 하고 신기한 것을 발견한 듯 소스라치게 놀랐다.

"그래그래, 오늘이 내일이야. 아니, 내일이 오늘이야."

밥상을 밀쳐놓고 독백을 하며 상념에 잠긴다.

오늘이 바로 내일이란 이 단순하고 명백한 사실을 까마득히 모르고 내일은 저만치 멀리 있는 걸로 치부해 두고 살아왔다.

우리들에게 내일이란 바로 오늘을 살고 있는 것이란 걸 이제야 눈앞에 실감으로 느낀다. 내일이란 영원한 미래요 영영 오지 않는다는 사실, 아니 내일은 항상 오늘이란 사실을 지금에사 깨닫는다.

성경 말씀에 "내일 일을 오늘 걱정하지 마라. 오늘 일만 걱정하라."라는 구절이 있는데 나는 이 말을 지금까지, 내일은 전지전능하신 하느님께서 다 알아서 해놓았으니 너희들은 오늘 일만 걱정하라고 하신 것으로 이해해 왔다. 멍청해도 한참 멍청히 살아온 것이다.

나는 그동안 내일에 대해 별로 걱정을 않고 살아왔다. 일에 쫓겨 내일을 걱정할 겨를이 없기도 했지만, 오늘 일만으로도 골치 아픈데 구태여 내일 일까지 미리 걱정할 필요가 있겠는가 하고 딴에는 제법 느긋하게 낙천적으로 살아왔다. 어리석게도 오늘이 곧 내일이란 사실은 꿈에도 생각지 못하고—.

'오늘을 충실히 살자.' '오늘 일을 내일로 미루지 말라.' 많이 들어온 말이다. 책에서, 표어에서, 어른들 말씀으로 귀에 못이 박히도록 들어온 말을 그저 게으름피우지 말라고 한 말씀이거니 건성으로 들어넘기고 살아온 것이다.

"하루 물림이 열흘 간다."라는 속담도 수없이 들어왔다. 한 번 뒤로 미루기 시작하면 자꾸 더 끌어간다 함이니 무슨 일이든 뒤로 미루지 않도록 경계하는 말일 것이다. 그러나 이 말을 귀담아 듣고 그날그날 일을 처리해 온 사람이 얼마나 될까?

발등에 불이 떨어진 일이나 책임이 돌아올 일이면 그때그때 처리하게 되지만, 조금 여유가 있거나 책임지지 않아도 되는 일은 내일 하면 되지 하고 자꾸 미루기 마련이다.

오늘 일을 내일로 미루지 말라는 얘기는, 오늘 일을 내일로 미루면 결국 아무 일도 할 수 없다는 깨우침이 아닌가. 오늘이 내일이므로 오늘 미루면 내일

도 미루는 것이 되는, 이 간단한 말뜻을 막내가 손에 쥐어줘서야 깨닫는다.

인간이 만물의 영장이라고 제법 큰소리들을 치고 그러지만 참 어리석기가 여간 아니라는 생각이 든다. 제 스스로 만져보고, 맛보고, 가보고, 부딪쳐보고, 떨어져 보아야만 그때서야 깨달으니 말이다. 공자, 맹자, 석가, 예수 등 성현들 말씀대로만 살아간다면 인간사회에 무슨 문제가 있겠는가를 생각해 본다. 성현들 말씀만큼은 아니더라도 부모님, 선생님 말씀대로만 살아도 불행한 사람이 누가 있겠는가? 모두가 지상 낙원에서 행복하게 살아갈 것이 아닌가.

이미 앞서간 분들이 이 길은 낭떠러지이니 따라오지 말라고 큰소리로 일러줘도 그 뒤를 뿌득뿌득 따라가 떨어져 보고서야, 뒤에 오는 사람들에게는 오지 말라고 소리친다. 또 거기는 길이 아니라고 가르쳐줘도 막무가내로 끝까지 가보고서야 돌아선다. 붙잡고 끌어도 건성이고 어리석어 미처 깨닫지 못한다.

이렇게 어리석으면서도 모두들 제가 똑똑하고, 잘나고, 제일이라고 목에 힘주고 어깨를 으쓱댄다. 만물의 영장이라면서 말이다.

내 어리석음을 이제야, 그것도 불혹의 중턱을 넘어서야 어렴풋이 깨닫는다.

내일이 오늘이라는 것을 막내를 통해 깨달으며 학교 다닐 때 선생님께서 "오늘 일을 내일로 미루지 말고 오늘 일은 오늘 마무리해야 한다."라고 누누이 당부하시던 말씀이 이제사 큰 감동으로 가슴에 와 닿는다.

—≪전북수필≫ 18호, 1986.

숨바꼭질

'무궁화 꽃이 피었습니다. 무-궁-화 꼬-치 피-어-씁-니-다.'

'꼭꼭 숨어라. 머리카락 보인다.'

날마다 숨바꼭질놀이를 하며 산다. 365일 하루도 거르지 않고 숨바꼭질을 한다. 그런데 난 항상 숨어있는 놈들을 찾아나서는 만년 술래다.

이번엔 전부 찾아내서 술래를 면해야지-. 단단히 벼르고 눈을 부라린다. 바싹 긴장해서 전후좌우 사면팔방으로 눈을 굴리며 찾아나선다. 그러나 다 찾았거니 하고 뒤돌아보면 엉뚱한 곳에 숨어 있다가 튀어나오는 놈들 때문에 나는 풀이 죽어 다시 술래가 된다.

활자活字.

이놈들과 더불어 숨바꼭질하며 울고 웃어온 지 어느덧 강산이 두 번 변할 만큼 되었다. 내 딴에는 이놈과 친할 만큼 친해졌고, 속도 알 만큼 알고 있다고 자부해 보지만 이놈의 숨바꼭질 장난에는 번번히 뒤통수 얻어맞기가 예사다.

숨바꼭질놀이도 몇 명이서 했을 때는 그대로 엔간히 찾아내곤 했는데 요즘은 몇십 명이 하게 되니 그야말로 까딱하다가는 못 찾고 어물쩡 넘어갔다가 뒤통수를 얻어맞고서야 정신 차릴 때가 여러 번이다. 그래서 숨바꼭질놀이는 신명이 날 때도 있지만 거의 울화통 터지는 일이 많다.

활자의 숨바꼭질 심술은 끝이 없어 한 치의 방심도 용납하지 않는다. 연구원研究院이 구연원究研院으로 버젓이 얼굴을 내미는가 하면 금연이 연금으로, 부인이 인부로, 철도청이 절도청, 장녀와 창녀, 포용과 포옹, 이밖에 망신당한 얘기는 보따리로 몇 트럭 좋이 된다.

언젠가 '덕유대의 밤' 이란 팸플릿을 인쇄하게 되었다. 그러니까 7, 8년 전인가 보다. 그때만 해도 사진식자기가 없어서 다른 업체에 가서 식자를 해오고 1차 교정을 본 후 발주처로 다시 교정을 봐주도록 보냈다. 발주처에서도 국제 잼버리대회 팸플릿이라고 꼼꼼히 교정을 봐서 보내왔고, 틀린 곳은 두 번 세 번 훑어보고 고친 걸 확인한 후 인쇄하여 납품을 했다. 그런데 납품한 지 1시간도 채 못 되어 전화통이 불이 났다. 교정도 안 보고 엉터리로 인쇄했다고 호통 호통이었다. 교정을 그렇게 정성들여 봤는데 어디가 어떻게 잘못된 것인지 알지 못해 멍하니 있다가 다시 인쇄해 납품하겠다고 백배 사죄를 한 후 사람을 보내서 인

쇄물을 가져오게 했다.

문제는 '台' 자에 있었다. '台' 자가 재주를 부린 것이다. 교정을 보면서 '台' 자가 조금 걸려서 머뭇거리긴 했다. 이걸 정자正字로 고칠까 말까 하고—. 그러나 독촉은 자꾸 오고 식자를 다른 집에서 해왔기 때문에 고치러 가기도 뭣하고 해서 에라, 모르겠다 원고에도 분명히 그렇게 되어 있으니 별것 있겠나 하고 어물쩡 넘기고 만 것이다.

발주처에서도 여러 사람이 돌려가면서 교정을 봤다고 한다. '대만' 이라든가 차 '1대' 등 '台' 자가 臺자의 약자로 일상 통용되어 왔기 때문에 원고에도 그렇게 썼고 교정 때도 잘됐다고 OK를 한 것이란다. 그런데 인쇄물을 가지고 높은 분에게 결재를 받으러 갔더니 "누가 이 따위로 무식하게 인쇄를 해왔느냐?"는 호통 한마디에 그 불똥이 곧바로 만만한 인쇄소로 튀어온 것이다.

잠깐의 게으름, 방심 때문에 결국 보기 좋게 한 방 얻어 맞은 것이다.

부랴부랴 고쳐서 인쇄해 보내놓고나니 아차! 뒤늦게야 전깃불이 켜진다. 다른 분 같으면 그냥 넘어가기도 했을 테지만 이 높은 분 성함에 台자가 들어 있었으니 될 뻔이나 했겠는가 말이다. 둔한 '형광등 머리' 를 탓하며 씁쓸한 입맛만 다실 수밖에—.

약자略字, 속자俗字는 나를 수없이 골탕먹였다. 약자略字는 안 된다고 하면 별수가 없다. 발주자發注者가 안 된다는 데야 뾰족한 수가 있으랴. 특히 관공서의 높은 분(?)들이 "이건 안 돼." 하면 그만이다. 밤을 새워 조판을 했거나 몇백 페이지가 인쇄되었거나 이건 일고의 가치도 없고 그저 "잘못됐어." 하면 그것으로 끝이다.

이럴 때면 와르르 무너져내리는 산사태 소리를 가슴으로 듣는다. 하도 약자 · 속자 때문에 길바닥의 돌멩이 신세가 되어싸서 약자로 된 활자를 전부 없애고 정자로 바꿔버렸다. 약자를 모두 없애버렸으니 시비가 없겠지 했는데 이번엔 효效자가 잘못되었다고 퇴짜다. 효効 자로 바꾸라는 얘기다.

그 자字가 그 자인데 그냥 두면 어떠냐고 넌지시 그냥 받아주기를 원했으나 일언지하에 '노' 다. 네 따위가 뭘 알아서 까부느냐는 어투다.

인격을 무시하는 말투에서 부아가 치밀곤 하지만 벙어리 냉가슴일 도리밖에 없다.

"거 - . 옥편에 보니까 효效자가 정자고 효効 자는 속자俗字로 되어 있던데요."

하고는 말았다.

"약자는 안 된다. 특히 欠 - 缺, 芸 - 藝, 台 - 臺 등은 어떤 경우에도 같은 자로 알고 써서는 안 된다. 欠(하품 흠) 芸(향풀 운) 台(별 태) 이렇게 뜻이 다른 자다." 하고 그 후로 잔소리를 해놓았더니 또 웃기는 일이 일어났다.

우리 전북수필 회원인 김저운金苧芸 선생 이름이 전부 김저예金苧藝로 둔갑을 해 버린 것이다. 제목 밑에 들어가는 이름에서부터 회원 주소록, 목차 할 것 없이 철저히 바꿔 놓았다. 교정을 보면서 한바탕 웃음바다가 되었다. 그러나 교정과정에서 찾아내 고쳐졌으니 웃을 일이지 그냥 넘어갔다면 어떨까? 생각만 해도 오싹해진다.

얄팍한 지식 가지고 남의 원고를 뜯어고친 일을 생각하니 얼굴이 뜨거워 쥐구멍을 찾고 싶은 마음뿐이었다. 지금도 K선생만 만나면 그 생각 때문에 얼굴을 들지 못한다.

나는 오늘도 숨바꼭질을 한다. 숨바꼭질을 통해 겸손을 배운다. 인내를 배운다. 인생을 배운다.

치밀성과 끈기, 집중력 등 한 치의 방심도 허용치 않는 숨바꼭질. 숨바꼭질에 지칠 때면 가끔씩 시시포스가 떠오르기도 한다. 굴러 떨어지기 마련인 돌멩이를 산정으로 밀어 올리는 무의미한 작업의 저 시시포스…….

그러나 나의 숨바꼭질은 또 계속된다.

'무궁화 꽃이 피었습니다. 무－궁－화 꼬－치 피－어－씁－니－다.'

－≪전북수필≫ 20호, 1987.

넋두리 · I

첫눈. 나이가 들어도 역시 설렘으로 온다.

금년에는 첫눈답지 않게 흐벅지게 쏟아진다. 첫눈을 반기는 것도 잠시, 전화 받으라는 소리에 사무실로 들어와 일상의 분주함 속으로 빠져든다. 첫눈은 금세 잊고 만다.

새벽 1시. 산더미처럼 쌓인 일 속에서도 낮에 내리던 첫눈이 문득 떠올라 길가로 나와 본다.

가끔씩 무섭게 질주하는 택시가 정적을 깨뜨릴 뿐 조용하다. 상념에 잠겨 서성거리고 있는데 갑자기 정적을 깨는 소리가 들려온다. 거나하게 취한 기분 좋은 흥얼거림이다가 갑자기 톤이 올라가는 악다구니다. 그러더니 세상 아무것도 거리낄 것 없는 갈짓자 걸음으로 앞을 지나간다.

갑자기 술이 먹고 싶어진다. 20대에 조심스럽게 술을 먹어 본 경험뿐, 한번도 비틀걸음일 정도로 술을 마셔본 일이 없어 그 경지를 알지 못한다. 그런데 오늘 같은 날은 어쩐지 술에 흠뻑 취해 비틀거리고 싶다.

첫눈. 술. 갈짓자걸음.

제법 운치가 있어 보인다. 멋있게 느껴진다. 술이 거나해지면 세상 거칠 것 없는 갈짓자걸음 걸으며 안으로 안으로만 쌓아 두었던 응어리들을 길가 아무데나 훌훌 내던져 버리는 후련하고 홀가분함 같은 것, 그런 뭣이 있지 않을까. 소위 말하는 스트레스 해소랄까. 종로에서 뺨 맞고 한강에서라도 눈을 흘겨야 좀 속이 풀리는 것처럼-.

바람이 제법 세차게 분다. 현실로 돌아와 책상 앞에 앉는다. 밀쳐 놓았던 교정지를 펼친다.

"…… 30여년간 그때 한두번……."

"홍길동전, 춘향전, 구국소녀 유관순전……."

"○○고등학교……○○은행전주지점……."

빨간 볼펜으로 호기롭게 척척 교정 부호를 표시해 나가다가 한순간 비틀걸음이 되고 만다. 이리 비틀 저리 비틀, 비틀걸음은 분명한데도 세상 무서울 것 없는 갈짓자 비틀걸음이 아니고 눈치걸음이 되어 멈칫거리게 된다.

이걸 어쩐다? 띄어쓰기 원칙대로 띄어쓸까? 그냥 놔둬? 띄어쓸 것이냐, 그대로 붙여둘 것이냐, 그것이 문제로다. 햄릿은 아니어도 한참 머뭇거린다.

문학 작품이라면 별 말이 없겠지만 그건 아니니 붙여? 띄어? 어느 기관에서 맡긴 것인가 다시 들춰보고, 쓴 사람이 누군가 확인해 본다. 감이 잡히지 않는다. 처음 대하는 사람의 원고다. 에라, 원칙대로 해주자. 원칙대로 해주는데야 무슨 얘기가 있으려고?

그런데 세상살이가 무슨 일이나 원칙만 가지고는 안 되는가 보다.

"돈을 얼마나 벌겠다고 이렇게 엿장수 맘대로 늘여 놨을까?"

"무슨 일인데요? 아, 그건 접미사 '여' 가 붙기 때문에 년간과 띄어 썼습니다만. 그리고 한두 번은 양수사이기 때문에……."

"누가 그걸 모릅니까? 뜻이 한눈에 들어오지 않아서 일부러 붙여 놓은 건데―. 원고대로 해 놓으시오."

"그래도 띄어쓰기 원칙대로 한 것인데……."

"신문도 안 보시오? 신문에 어디 띄어쓰기 원칙대로 되었습니까? 원고 쓴 사람 뜻도 모르면서……."

"전傳도 일관성있게 전부 붙여 주시오."

"앞에 꾸미는 말이 올 경우 전傳은 띄어 쓰는 걸로 알고 있습니다만."

"무조건 붙여 주시오. ○○고등학교도, 참! 영어, 이건 분절대로 끊어 주시오. 아무데나 끊어서 줄을 바꾸면 절대 안 됩니다."

"잘 알았습니다. 원고대로 다 붙여 놓겠습니다."

원칙이 흔들리니 비틀거릴 수밖에 없다. 한참을 비틀걸음으로 걷느라 꼭 한마디 할 말마저 잊고 만다.

"영어는 분절대로 끊어야만 되고 한글은 원칙을 무시하고 마구 붙여도 됩니까?"

비틀걸음일 땐 이 말을 잊어먹었다가도 한참 시간이 지나면 꼭 떠오르는 말이기도 하다.

'자는둥 마는둥, 간지 오래다.'

'네가 알바 아니다.'

'그림을 그리는데 10년 걸렸다.'

'중학교과정은 3년이다.'

'밥도 못하는 아가씨.'

'집으로 못간다, 볼만하다, 준셈 치고.'

"아니, 이걸 원고대로 다 붙여 놓으면 어쩝니까?"

"저희들은 잘 몰라서 원고대로 했습니다."

"출판사에서 그런 걸 모르면 어떻게 합니까? 원고는 그렇게 되었어도 다 알아서 해줘야지－."

은근한 경멸의 눈빛이다. 어디 이뿐인가. 장단도 가지가지, 가락도 각양각색이니 어느 놀음에 깨춤을 춰야 할지 갈팡질팡 맴돌다가 이리 부딪히고 저리 자빠지고 도무지 바른 걸음이 되지 못한다.

아무리 꼿꼿하게 서 보려고 해도 기우뚱 비틀걸음이 된다. 이리 기우뚱 저리 기우뚱, 이쪽으로 쾅, 저쪽으로 쿵, 비틀비틀 좌충 우돌 상처투성이가 된다.

거나하게 취해 세상 거리낄 것 없이 한번 갈짓자로 걸어보고 싶다. 원칙이 아닌 변칙이 와서 치고 받아 그로기 상태가 되어 비틀거리는 걸음이 아니라 다 팽개쳐 두고 거나하게 취해 기분 좋은 비틀걸음이었으면 싶다.

첫눈. 그 첫눈 속을 거리낌없는 비틀걸음으로 걸었으면 더욱 좋겠다. 콧노래라도 흥얼거리면서 말이다.

－≪전북수필≫ 21호, 1987.

넋두리 · Ⅱ

'한 장 찍어서 가져와 보시오. 잘되었는가 보게–.' 흔히 듣는 말이다. 인쇄업 20년 동안 날마다 몇 번씩 들었으니 몇천 번이나 될랑가, 아니면 몇만 번이나 될까.

수없이 듣는 이 말. 그런데도 들을 때마다 번번히 당혹해진다. 뭐라고 해야 할까? 어디서부터 얘길 꺼내야 할지 항상 막연해지고 만다.

목공소라든가 철공소 같은 곳에 가서 "이것 하나 만들어 주쇼. 잘되었는가 보게." 이랬다가는 아마 좀 이상한 사람으로 취급받기가 십중팔구일 것이다.

그런데 인쇄소에선 이게 통한다. 아니 당연한 걸로 알고 그렇게 주문한다.

한 장 찍어와 봐라. 잘못되었으면 고치게 말이다. 참, 가슴 답답한 일이다. 몰라도 너무 모른다. 날마다 쏟아지는 인쇄물 홍수 속에 살면서도 인쇄가 어떤 과정을 거쳐 나오는지 모르고 있다.

대부분 인쇄라면 활판活版을 떠올리고 얘길 한다. 판을 짜서 교정을 보고 탈자, 오자 등을 바로잡은 뒤에 찍어내는 것 말이다. 그렇게 간단하다면 오죽이

나 좋으련만 고급 인쇄물은 활판으로 찍을 수가 없으니 어쩌랴!

사실 인쇄는 한 장 찍어 보면 그걸로 모든 공정이 완료된 것이다. 나머지는 종이만 더 넣으면 몇 장이고 몇만 장이고 나온다. 그런데도 한 장 찍어와 보란다. 무엇에 비유해야 할까? 설계도 없이 주먹구구로 집을 지으려고 한다고 할까.

문을 이쪽으로 냈다가 뜯어서 저쪽으로 옮기고 거실이 좁으니 좀 넓히고, 부엌 쪽은 달아내고, 나중엔 마음에 안 드니 뜯어서 다시 짓고……. 하는 것과 똑같은 꼴이다.

요즘 날마다 배달되는 신문을 집어들면 크고 작은 전단들이 우수수 떨어진다. 그중엔 매끄러운 종이에다 컬러로 인쇄된 것들이 제법 있다. 고급화된 것이다.

간단한 한 장짜리 전단이지만 이것이 인쇄되어 나오기까지는 상당히 복잡

한 과정을 거친다.

한마디로 인쇄라고 하지만, 인쇄는 크게 나누어 볼록판, 평판, 오목판, 세 가지 판식이 있다.

활판, 동판 등은 볼록판이고 석판石版, 옵셋, 콜로타이프 등은 평판 인쇄이고, 그래뷰어, 조각오목판 등은 오목판 인쇄인 것이다.

먼저 볼록판을 알기 쉽게 말하면, 우리가 늘 사용하는 도장이 바로 볼록판인 셈이다. 납鉛으로 만든 활자가 도장처럼 볼록 도드라지게 나와 있는데 볼록 내민 부분에 잉크를 묻혀서 찍어내는 판식이 볼록판이다. 몇 년 전까지만 해도 이 방식의 인쇄가 거의 전부에 가까웠기 때문에 지금도 인쇄라면 이 방식만 알고 있는 사람이 90% 이상인 것 같다.

다음으로 평판인데 양철같이 생긴 평평한 아연판에다 필요한 글자나 사진을 필름으로 만들어 빛쪼임(燒付)하여 판을 만드는데 판면은 밋밋하다. 볼록

나오거나 오목 들어간 데가 없다. 글자나 사진부분만 잉크가 묻고 다른 부분은 잉크가 묻지 않도록 처리되어 인쇄가 되는 것이다. 컬러 등 고급인쇄는 거의 이 방식으로 하고 있다.

요즘은 이 평판방식이, 필름을 만들어 소부하는 과정이 생략된 기계가 개발되어 나왔다. 이른바 경인쇄 또는 마스터 인쇄라는 것인데 타자기로 조판해서 인쇄하기 때문에 간단하고 편리해서 활판을 밀어내고 그 자리를 다 차지해 버렸다. 물론 고급 인쇄물은 이것으로 안 된다.

셋째, 오목판은 판의 오목한 곳에 잉크를 넣고, 판의 표면에 묻어 있는 불필요한 잉크를 말끔히 씻어내 버린 다음, 압력을 가하여 종이에 잉크를 묻혀 찍는 인쇄 방식이다. 즉 판면의 화선부는 다른 부분보다 오목하게 파여 이 부분에 잉크를 괴게 하고 평면부분의 잉크를 제거하여 인쇄하는 것이다. 그러므로 판면이 깊이 파였으면 잉크가 많이 괴고, 얕은 부분은 잉크가 적게 괴어 그 깊고 얕은 정도에 따라 빛과 농담이 좌우되는 것이다.

이상의 판식 외에 볼록판과 평판을 배합한 드라이 옵셋과 중간 형태의 볼록판 옵셋이 있다. 이것들은 지기紙器라든가 튜브 인쇄 등에 쓰인다.

특수 판식으로는 볼록판도 평판도 아닌 공판孔版인쇄가 있다. 실크 스크린 인쇄나 등사판 인쇄로 잉크를 구멍으로 밀어내 인쇄하는 것이다.

아무튼 좋은 인쇄물을 원하는 대로 얻으려면 주문하기 전에 자세히 레이아웃을 해줘야 한다. 말하자면 집을 지을 때 설계도를 만들어 그대로 건축을 하도록 하는 일 말이다.

설계도 없이 '앞집같이 지어 주시오.' 또는 '알아서 2층집으로 지어 주쇼.'

한다면 시행착오 없이 일사천리로 좋은 집이 지어질 것인가. 몇 번이고 고치고 뜯고 해야 할 수밖에 없다. 이러다 보면 말끔한 집이 되기는커녕 만신창이가 된 어설픈 집이 되고 말 것이다.

인쇄도 똑같다. 결국 설계가 생략된 만큼 인쇄소에서 어려움을 당하게 되는 것이다. 문제는 발주자가 설계를 해오지 않더라도 설계비를 계상해 주면 어려울 것이 없다. 전문인들이 설계 작업을 하면 되니까.

건축에서의 설계가 인쇄에서는 기획 · 도안 · 편집 · 교정이다. 서울에 맡기면 설계비를 받아도 비싸다고 하는 일이 없고 당연한 것으로 안다. 따라서 설계비를 낸 인쇄물은 수준 높은 작품이 되어 나온다.

서울에서도 설계비를 받지 않는 군소업자는 지방이나 마찬가지 수준이다. 지방에서 설계료를 달라면 펄쩍 뛴다. 서울로 가면 훨씬 싸게 할 수 있다고 으름장을 놓는다. 특히 인쇄소에서 설계료를 받는다는 것은 어림없는 얘기다.

개인이나 기관에서 책을 낼 경우 집필 또는 편집을 특정인에게 용역을 주어서 하는 경우에는 별로 인색하지 않다. 그런데 인쇄소에 맡기면 '알아서 해주쇼!' 하고는 입을 싹 씻고 만다. 이런 어려운 풍토 속에서 기획 · 편집 · 도안 · 교정 파트를 유지, 운영해 간다는 것은 참 힘겨웁다.

사명감이라면 좀 거창한 얘기가 되고, 그래도 지방에서도 뭔가 할 수 있다는 걸 보여주고 싶다. 어쩌면 오기 같은 것인지도 모르겠다. 그래서 더러 미친 놈 소리도 듣는다.

수준 높은 인쇄물을 찍어내려면 대체로 다음과 같은 설계 과정을 거친다.

먼저 기획을 한다. 카피(광고문안)를 만들고, 들어갈 사진, 또는 그림, 일러

스트 등 담당자 몇 사람이 한 팀이 되어 매달린다. 아이디어를 짜내고 대강 윤곽이 잡히면 몇 번의 회의를 거쳐 조판 · 디자인 · 편집을 한다.

크기는 물론 사진, 글씨 등을 넣고 색깔도 칠해서 완벽하게 하나의 인쇄될 샘플을 만든다. 구상했던 색깔을 입혀보면 잘 어울리지 않는 경우가 허다해서 마음에 들 때까지 몇 번이고 반복한다. 색깔뿐만 아니라 광고문안, 사진, 그림 등도 몇 번이고 고친다. 이 작업이 몇 달 걸리기도 한다. 사실 여기까지가 어려운 것이다. 이렇게 완벽하게 만들어진 샘플을 주면서 인쇄를 의뢰해온다면 별 문제가 없다. 건축으로 치면 설계가 잘된 집을 짓는 셈이니 말이다. 설계대로 지어내지 못할 건설회사가 있겠는가.

설계도가 없는 건축을 날마다 되풀이하다보니 뜯어 고치는 헛일의 연속일 때도 많다. 맡긴 사람은 한 장 찍어 보라고 하면서 아무렇지도 않게 이렇게 이렇게 고치라고 한다. 고쳐도 마음에 안 들면 못마땅해 한다. 지방이라 별수 없다는 등 사족까지 달면서 — .

'아이구 속터져!' 저절로 나오는 넋두리다. 전북일보의 하여간 선생이나 한국일보의 두꺼비 선생은 가끔 산엘 잘 오른다. 그 산이 남산인지 기린봉인지는 모르겠으나 하여간 가끔 산에 잘 올라간다. 올라가서는 두 손을 입에 대고 나팔을 만들어서 큰소리로 "규탄한다."라든가 "잘먹고 잘살아라." 하고 목청껏 외친다. 가슴이 후련해진단다.

나도 오늘은 기린봉이나 올라가 볼까나.

— ≪전북수필≫ 22호, 1988.

더불어 사는 삶

장보기를 하러 시장 나들이를 나섰다. 걸어서 10분이면 되는 중앙시장이다. 시장으로 물건을 사러 가 본 것이 까마득히 기억에 멀다. 아내가 건강해서 집안일은 물론 내가 해야 할 일까지 동분서주, 도와주었기 때문에 시장에 가야 할 일이 없었다. 그런데 무쇠같이 끄덕없던 아내의 다리가 요사이 삐그덕거린다고 하더니 무릎이 붓고 통증이 심해 며칠간 밤잠마저 설치고 있다. 병원에만 가까스로 오가는 정도여서 반찬거리 걱정을 하는 아내를 위한답시고, 또 한편으론 나도 장보기를 할 수 있다는 것을 보여줄 요량으로 시장길에 나선 것이다.

시장이라더니 참 시장이다. 오후 일곱 시께의 중앙시장은 온통 사람의 물결이다. 사람의 물결에 떠밀려 다니면서 이것 저것 구경을 해본다. 무엇인가 하고 고개를 숙이면 금방 달려들 듯한 자세로 물건을 사 가란다. 좀 쑥스러워 주위를 두리번거리다가 아무 일도 아니란 듯 얼굴을 후딱 돌리고는 인파의 물결을 탄다.

두 바퀴를 돌았다. 두 바퀴나 돌아도 아는 얼굴이 없다. 모두 처음 보는 낯선 얼굴이다. 이 많은 사람의 물결 속에 나만 있고 남은 없다.

몇 번을 우물거리다가 풋고추를 여남은 개 사고, 상추도 한 무더기를 샀다. 비닐봉지에 넣어주는 것을 어색하게 받아들고 허리를 펴는데도 시선 하나 없다. 마치 사람들로 빙 둘러쳐진 울타리 속에 혼자 서 있는 느낌이다.

저만치 리어카 옆에 할머니가 함지박에 다슬기를 놓고 팔고 있다. 한 그릇에 삼천 원이라고 한다. 그릇이 작아서 한 그릇이래야 한 줌 정도 되어 보인다. 세 그릇을 살 테니 많이 달라고 큰소리로 떼를 써 본다. 그러나 누구 하나 거들떠보는 사람이 없다. 모두들 혼자 있는 것처럼 자기 일들에 몰두해 있고 내 이익에만 정신이 팔려 있다.

젊은 남녀는 어깨동무를 하고, 어떤 중년 부부는 손을 잡고 물건을 흥정하고 있다. 리어카에서 파는 순대를 안방 식탁에서 먹는 것처럼 스스럼없이 먹고 있다. 불구의 몸이어서 엎어진 자세로 조그만 수레를 밀면서 물건을 파는 사람도 있다.

도무지 남의 일에는 관심들이 없다. 여기저기서 상인들의 악다구니, 스피커 소리, 흥정하는 소리, 시비가 벌어져 드잡이를 해도 모두 천하태평, 표정이 없다.

시골의 장터는 이렇지 않았다. 어려서 엄마를 따라가 본 시장은 동네를 나오면서부터 만나는 사람마다 반가운 얼굴이었다. 튀밥 튀기는 소리며 엿장수 가위 소리며 왁자지껄 시끄럽고, 여기저기서 옷을 잡아 끌어당겨도 웃음이 있었다. 다리 아플 텐데 무엇하러 따라왔느냐면서 엿가락도 사주고, 옛다,

먹어라 하면서 옷자락에 참외를 쓱쓱 문질러 던져주던 후한 인심도 있었다. 따스하고 훈훈한 인정에 삼십 리 장터길은 다리 아픈 줄을 몰랐다.

인간은 '사회적 동물' 이어서 더불어 살 수밖에 없는데 많은 사람 속에 전부 혼자씩 살고 있는 현장을 보면서 자꾸 각박해져 가는 것은 아마 사회가 시장화되어 가기 때문이 아닌가 싶어 씁쓸해진다.

문득 프랑스 문명비평가 알렉시스 호크빌의 말이 떠오른다. 인류가 문명화되면 될수록 자명해지는 진리가 있다. 자유와 평등의 가치가 발전하는 것과 똑같은 비율로 더불어 사는 기량 또한 발전해야 한다는―.

시장을 빠져나와 집 근처에 들어서는데 몇 개의 비닐봉지가 자꾸 걸리적거리고 무거워진다.

아내에게 봉지를 건네주면서 시장을 봐왔다고 자랑스레 얘기를 했다. 아내는 피식 웃으면서 상추는 시든 걸 물을 축여서 싱싱하게 보이게 한 것이고, 고추는 재래종이 아니며 다슬기는 비싸게 사왔다면서 핀잔이다. 그저 멋쩍게 웃고 말았다.

―≪전북수필≫ 32호, 1992.

전주의 자존심

전주全州.

내가 살고 있는 고장이어서일까. 그 이름만으로도 아늑하고 포근한 어머니의 품속 같다.

그렇다면 전주가 고향인가 하겠지만 아니다. 산골에서 태어났는데 어쩌다 보니 30여 년을 줄곧 이곳에서 살게 되었을 뿐이다. 오래 붙박이로 살아서 이제 고향이 된 것일까. 그런 것 같기도 하고 그렇지 않는 것 같기도 해서 아리송하다.

전주의 자랑거리는 또 얼마나 많은가. 누구나 자랑하는 예향, 맛의 고장, 멋의 고장, 선비 고을. 그뿐인가. 비빔밥이며 부채, 한지, 전주 10경, 전주 10미……. 등 헤아릴 수 없다.

김순영 여사는 그의 수필집 ≪어느 하루도 같은 아침은 없다≫에서 유려하고 섬세한 문장으로 전주 비빔밥을 한껏 자랑했다.

'백과사전에 오른 전주 비빔밥' 이라며 전주 음식은 전통적인 전주문화를

대표한다고 할 만큼 중요한 구실을 해왔다고 긍지가 대단했다. 전주 비빔밥이 가장 유명하다는 대목과 그러나 전주식 비빔밥은 다르다는 대목을 유의할 필요가 있다. 그리고 수없이 많은 고을마다의 비빔밥을 제쳐 두고 전주식 비빔밥만을 소개한 것을 소홀히 여겨서는 안 된다.

전주 부채는 어떤가. 전주 부채는 고려 때부터 널리 알려졌다고 한다. 깃털로 만든 우선羽扇, 자루가 달린 둥근부채인 단선, 접었다 펼 수 있는 접선摺扇으로 구분되고 전주산으로는 단선인 태극선과 접선인 합죽선이 유명했다고 한다.

≪조선왕조실록≫ 기록에 의하면 해마다 더위가 시작되는 단옷날이면 임금이 신하에게 전주부채를 하사했다. ≪삼국사기≫에는 후백제의 견훤이 고려 태조가 즉위하자 공작선孔雀扇을 선물로 주었다고 하며 임금에게 바치는 진상품과 중국에 보내는 공물 목록에도 전주 부채가 반드시 올랐다. 특히 전주 감영에는 선자청이 있어서 우수한 품격의 부채를 제작했다고 한다.

지금은 선풍기, 에어컨, 플라스틱 부채에 밀려 전주 부채가 사양길을 걷고 있지만 이 부채의 전통은 지금껏 이어오고 있으니 실로 전주의 자랑이 아닐 수 없다.

전주 10경을 보자.

기린봉 위로 떠오르는 달(麒麟吐月)과 전주천변 한벽루에서 내려다보는 안개와 그윽한 풍경(寒碧晴煙), 다가산 천양정에서 활 쏘는 모습(多佳射帿), 전주천 비비정 앞을 나는 기러기들의 그윽한 모습(飛飛洛雁), 덕진호반 연밭에서 연꽃 따는 풍경(德津採蓮), 위봉산성에서 떨어져 내리는 폭포수의 장관(威鳳瀑布), 만경강의 동포지역을 거슬러 올라오는 범선들의 정경(東浦歸帆), 남천 냇가에서 빨래하는 여인들의 부지런하고 정겨운 풍경(南川漂母), 목마른 말을 몰아 남천 · 서천에서 갈증을 달래주고 바라보는 달맞이(坤止望月). 지금은 사라져 볼 수 없는 정경들이 많지만 이 또한 자랑스럽지 않은가.

8월에 나는 감이라는 뜻의 파라시, 기린봉 기슭에서 생산된 열무, 비빔밥에 빼놓을 수 없는 녹두묵, 소양과 상관 등지에서 생산된 서초, 송천동의 애호박, 삼례 한내 등지에서 서식하는 모래무지, 진상품으로 맛이 특출한 한내 게, 둥글고 단단하며 큼직한 무, 전주 비빔밥과 콩나물 해장국의 주재료인 콩나물, 줄기가 연하고 향긋한 미나리. 맛의 고장 전주의 10미味는 생각만 해도 저절로 군침이 돈다.

전주는 후백제의 고도로 천년의 찬연한 문화적 유산과 민속, 민요, 전설, 언어 등이 호남을 대표하고 있다. 그러나 서운하게도 진짜 자랑거리는 지금껏 얘기들이 없으니 어찌된 일인지 모르겠다. 전주시사全州市史를 보아도, 전라북도지道誌를 펼쳐도 어느 한 군데에도 언급되어 있지 않다.

완판본完板本 말이다.

조선시대만 해도 서울의 경판본과 겨룰 수 있는 유일한 출판문화는 이 지역에서 꽃핀 완판본이었다. 인쇄 · 출판이야말로 모든 문화의 꽃이요 열매가 아니던가.

〈열녀춘향수절가〉를 비롯하여 지금까지 전해 내려오는 판소리계 소설의 대부분이 완판본이다. 이는 이 지역 문화가 선진된 증거이다.

완판본은 조선 말기, 주로 광무 융희 연간에 전주에서 간행된 고대소설의 목판본木板本의 총칭이다. 전라도 방언으로 판각되어 있어 문체도 경판본과 달라 향토색이 농후하다.

중앙집권의 전통사회에서 유일하게 서울과 겨룰 수 있는 출판문화를 이룩했다는 이 사실에 우리 전주 사람들은 긍지를 가져도 좋지 않을까. 이야말로 전주가 뽐낼 긍지이며 자존심이 아닐는지.

―≪전북수필≫ 33호, 1992.

분수와 욕심과

어느만큼이 분수이고 어디까지가 욕심일까. 풀리지 않는, 아니 늘 잘못 푸는 이 숙제는 나를 곤혹스럽게 할 때가 한두 번이 아니다. 더러 조금씩 쉬어가면서 내 시간도 갖고 그렇게 살아야 하지 않겠는가 싶어 내심 단단히 마음을 다잡아도 욕심과 분수의 한계는 모호해서 지천명의 중간쯤에 오도록 일의 수렁에 빠져 허우적거리고 있다.

이 욕심이라는 게 고속도로를 질주하는 차량 같다. 멈춰야 할 곳에 곧바로 서지 못할 뿐 아니라 속도감각마저 마비시켜 도무지 달리는 것 같지 않게 만든다.

일에 열중하다 보면 다른 것은 보이지 않게 된다. 특별히 일에 재미가 붙어서도 아니고 그렇다고 돈벌이에 눈이 멀어서도 아닌 것 같은데 항상 일의 수렁에서 헤어나지 못하는 것은 분명 일 욕심이 지나친 것이리라.

욕심이 지나친 줄 번연히 알면서도 수렁에 빠지는 것은 한 가지 재미 때문이다. 노름꾼은 본전 찾겠다는 욕심도 있지만 화투짝 조이는 재미라는데 나는 옥동자를 안아보는 기쁨이 있다.

완성되어 나오는 책을 누구보다 먼저 손에 들고 주르륵 훑어 넘겨볼 때의 이 뿌듯한 희열은 첫아기를 안고 어쩔 줄 모르는 아기 아빠의 마음 못지않게 가슴 벅차게 한다.

어떤 내용의 책이든 그것은 저자의 인생이 담겨 있다. 연구 결과인 논문이나 연구보고서는 물론, 산고의 아픔을 딛고 생산해 내는 문학작품 역시 그 사람의 인격이 녹아 담겨 있다.

사람이 천차만별이듯이 책들도 천태만상이다. 속도 겉도 꽉 찬 책이 있는가 하면 알맹이는 신통치 않은데 겉만 번드르르한 책도 있다. 책도 인생의 축소판처럼 그렇게 다양하다.

부모 마음은 잘나고 못나고 예쁘고 미웁고를 떠나서 모든 자식들이 하나같이 사랑스럽고 소중하다. 책을 쓴 저자들의 마음도 같겠지만 펴내는 출판인들의 마음도 어느 것 하나 소중하지 않는 책이 없다.

나는 무선철 제본기에서 나오는 책을 한 권 가져다가 재단을 한 다음 책장을 주르륵 넘기면서 한번 훑어본다. 그리고는 내 책상으로 가서 차근차근 넘기면서 편집은 짜임새있게 되었는가, 인쇄는 고루 선명한가. 표지는 산뜻한가 등등 몇 번이고 검토한 후

캐비닛에 소중히 넣는다. 얼마 후 제본이 다 될 무렵 몇 권을 가져다가 담당자들에게 잘못된 점을 지적해 주고는 또 두 권을 들고 공장 안을 서성이다가 한 권은 책상에 놓고 한 권은 집에 가져와 잠자리에 들 때 또 한 번 떠들어 본다. 이렇게 하루 종일 몇 번을 뒤적이고 훑어보아도 싫증은커녕 흐뭇한 포만감으로 넘친다.

날마다 만들어 내는 책이지만 나는 이렇게 설렘으로 책을 가슴에 안는다. 특히 알찬 내용의 글이 산뜻하게 책으로 만들어져서 서점에 나간 후 추가 주문이 들어올 때면 그 가슴 뿌듯한 기쁨을 누가 알랴. 베스트 셀러를 만들어 보지 못했으니 돈벌이하고는 무관한 일이지만 독자들이 찾는 책을 만들었다는 데 대한 자부심이 은근히 고개를 들곤 한다.

이런 재미에 빠져 수지타산을 제쳐두고 그저 책 만드는 일에만 열중하다 보니 일의 수렁에서 헤어나올 수 없을 수밖에 없는가 보다.

지난번엔 몸이 말을 듣지 않아 한 보름 꼼짝달싹 못하고 자리보전을 했다. 아마 일의 수렁에서 너무 허우적대다 보니 몸뚱이가 지쳤는가 보다.

마누라는 이때다 싶었는지 "돈벌이도 되지 않는 일 욕심 작작 부리고, 천천히, 물 흐르듯이, 앞만 보지 말고, 옆도 보고, 하늘도 쳐다보고, 뒤도 돌아다 보면서 좀 여유롭게 살면 어디가 덧나느냐?" 라고 윽박지른다.

나는 할 말이 없어서 "내가 뭔 욕심을 부렸다고 바가지를 긁고 야단이야. 욕심이 없으면 발전도 없는 거야. 아파서 끙끙 앓는 것이 고소한가 보구만." 하고는 돌아눕고 말았다.

그러자 마누라의 잔소리는 꼬리를 잇는다.

"선한 일도 지나치면 욕심이 된다는 걸 알기나 하세요? 당신은 일에만 지나친 욕심을 부린 줄 알고 있지만 글 쓰는 일도 욕심이라구요. 한번 생각해 보세요. 수필 한 편 쓸 시간이 없어서 맨날 3페이지를 비워놓은 채 편집을 하라고 해 놓고는 납품날 아침에사 두어 시간 앉아서 글이라고 써서 넘겼죠? 그걸 또 무슨 자랑이라고 이 사람 저 사람한테 얘길하고……. 그러니 글이 되겠어요? 치열한 작가정신도 없고, 천착해 들어가는 연구심도 없고–. 욕심으로만 글을 쓰니 무슨 재주로 좋은 수필이 되겠어요. 신변잡기, 자기 과시의 잡문이 될밖에요."

"아니, 이놈의 마누라쟁이가 안 하던 잔소리를 늘어놓고 야단이야."

꽥 소리를 질렀으나 아픈 곳을 정곡으로 찌르니 할 말이 없어진다.

앙드레 지드가 그랬던가. 자아를 돌이키게 해 주는 것은 여행과 신병뿐이라고–.

누워서 자신을 돌이켜본다. 한마디로 일에만 매달려 눈코뜰새 없이 살아온 것 같다. 마누라의 잔소리처럼 제 분수를 모르는 지나친 욕심, 그것도 실속 없는 일 욕심만 잔뜩 부려왔음이 분명해진다.

그러나 아직도 가슴 저 밑바닥에선 욕심을 의욕이라고 우기고 싶은 마음이 도사리고 있음을 느낀다.

나이는 지천명에 이르렀어도 마음은 아직도 지천명을 절반 뚝 자른 어중에서 의기양양한 채 요지부동 꼼짝을 않고 있으니 욕심과 분수의 한계를 알려면 아직도 먼 것인가…….

–≪전북수필≫ 34호, 1992.

족보와 전주

성이 같은 일가들끼리의 모임에는 종회, 화수회 또는 종친회라는 이름이 붙어있다. 아직 이런 모임에 끼어들 나이는 아닌데도 인쇄업에 종사하다 보니 저절로 구경꾼이 되었고, 구경하다가 덜미를 잡혀 발을 들여놓게 되었다.

이런 모임에서 하는 일은 주로 선조들이 남겨놓은 종재宗財를 간수하고 성금을 모아서 시향제며 유적지 순례 등의 행사와 사당, 재실, 묘역 등을 관리하는 일이다. 이외에 윗대를 잘 모르는 일가들, 족보에 누락된 사람들의 대를 찾아서 이어주는 일도 이 모임에서 하는 일이다.

따라서 이 모임에서 가장 큰 일이 족보에 오르지 않은 일가들 뿌리를 찾아주는 일이다.

다른 일이야 틀에 정해진 일이어서 별 문제 없이 진행되지만 족보에 빠진 사람들, 특히 윗대를 이어주는 일은 여간 힘드는 일이 아니다.

대개 할아버지 대까지는 분명히 알고 있지만 그 이상은 잘 모르기 때문이다. 할아버지가 어디서 살다가 어떤 경로로 지금 사는 곳으로 이사를 왔는지 분명하지 않은 경우가 많다.

어려서 할아버지에게 들었던 말이나 어렴풋이 어느 동네 또는 막연히 무슨 군에 살았다고만 기억하고 있으니 뜬구름 잡는 격이다. 다행히 수소문해서 동리도 찾고, 거기서 일가를 만나게 되어 가닥을 환하게 찾는 수도 있지만 오리무중일 때가 더 많다.

족보는 조선시대만 해도 신분의 징표였기 때문에 '족보를 모신다.' 는 말에서도 내포하고 있듯이 그야말로 소중히 알았던 것 같다.

그러던 족보가 근세에 내려오면서 일제시대와 6 · 25사변을 겪는 동안 '족보가 밥 먹여주냐?' 고 하는 정도로 전락했다. 그러다가 최근에서야 학교에서 숙제로 시조가 누구냐? 조상 중에 훌륭한 인물을 적어오라는 항목이 있어 족보에 대해 조금 관심을 불러일으킨 정도이다.

족보는 한 가문의 계통과 혈통관계를 기록한 것으로 본래 중국에서 비롯되었다. 후한後漢 이후 중앙 또는 지방에 대대로 고관을 배출하는 우족右族 · 관족冠族이 성립됨에 따라 문벌 · 가풍을 존중하는 사상이 높아져 육조六朝시대에 이르러서는 조상의 관력官歷, 계보, 집안의 입관 · 승진은 물론 혼인 · 교제에까지 영향을 미치게 되면서 족보의 작성 및 보학譜學이 발달하게 되었다고 한다.

우리나라에서는 문화 유씨文化柳氏의 족보인 ≪문화유보文化柳譜≫가 최초의 족보로 알려져 있는데 현존하지 않는다. 문헌적으로 가장 오랜 것으로는 안동 권씨의 족보인 ≪성화보成化譜≫라고 한다.

이 ≪성화보≫는 1476년 조선조 성종 때 간행된 것으로 서문序文을 서거정

徐居正이 썼는데 "우리나라에서는 종법宗法과 보첩이 없고 거가대족巨家大族은 있으나 가승家乘은 없다."라고 한 구절이 있어, 이로 미루어 보아 조선조 초기 이전에는 완비된 족보가 없었음을 짐작할 수 있다.

족보는 일명 계보라고 하기도 하고 보첩譜牒, 세보世譜, 세계世系, 세지世誌, 가승家乘, 가첩家牒, 가보家譜, 성보姓譜 등의 명칭으로 불리기도 한다.

깊이 들어가 보면, 가첩이라고 하면 동족의 전부를 기록한 것이 아니라 자기 집안의 직계에 한해 발췌, 초록한 세계표世系表를 말하며 가승은 계도系圖 외에 조상의 전설, 사적에 관한 기록을 모아서 꾸민 것이다. 족보는 말하자면 종보宗譜에 해당하고 여기에서 분파된 일단의 세계世系에 한하여는 지보支譜 또는 파보派譜라 이른다. 이들 파보는 그 권수가 많아 종보를 능가하는 경우가 적지 않다.

'족보' 하면 우선 고리타분하다는 생각이 먼저 들고, '종친회' 하면 할 일 없는 노인들이 모이는 데라는 선입관을 가지고 있다.

나도 막연히 그런 선입관을 가지고 있었다. 그러나 구경만 하다가 직접 참여해 보니 그게 아니었다. '조상의 얼을 이어받자' 라는 말이 실감으로 가슴에 와 닿았다. 조상들의 행적에서 본받아야 할 점이 많은 것이다. 모르고 있던 선조들의 행장을 족보를 통해 알고 나니 자랑스러운 일이 한두 가지가 아니었다.

자랑 하나 늘어놓아 보자. 내게 7대조가 되는 서유망이라는 분이 조선조 영조 때 성균관 책임자로 있었다. 성균관이나 종묘에는 지금도 하마비下馬碑라는 게 서 있는데 이 하마비 앞에 이르면 누가 되었든지 수레와 말에서 내려야 한다. 안에 모신 임금님과 성현들을 받드는 의미에서 이 앞에서부터는 조심스레 걸어 들어가도록 했던 것이다.

하루는 영조를 모시고 성균관 행사에 행차중이던 훈련대장의 말이 갑자기 발광을 하여 하마비 앞을 그대로 뛰어서 지나간 사건이 발생했다. 서유망은 크게 노하여 말과 마부를 기둥에 묶어놓는 한편 훈련대장은 하인들 방에 가두어버렸다.

예식이 끝나 영조가 궁궐로 되돌아가야 하는데 호위할 훈련대장을 방에 가둬버렸으니 야단이 났다. 그래서 영조는 도승지, 요즘말로 하면 비서실장을 보내 서유망에게 훈련대장의 죄는 나중에 묻기로 하고 우선 석방해 주도록 부탁을 했다. 서유망은 정색을 하고 이렇게 말했다.

"비록 어명일지라도 죄 지은 사람을 그냥 내보낸다는 것은 법에 어긋나는 일이니 도리가 없소이다."

하고 눈썹 하나 까딱않고 단호하게 거절했다.

영조가 다시 좌의정을 보내 재차 부탁했다. 그랬더니 서유망은 "법을 어길 수도 없고, 그렇다고 어명을 거역할 수도 없으니 방법은 이것뿐"이라면서 당장 돌아앉아 사표를 썼다.

이 소식을 들은 영조는 껄껄 웃음을 터뜨리고 고집불통인 서유망을 꾸짖기는커녕 궁궐로 돌아온 즉시 그의 벼슬을 일등급 올려주고, 그 꿋꿋한 성품을 널리 칭찬했다고 한다. 후손으로서 어깨가 으쓱해지는 일이 아닐 수 없다.

또 한 가지 자랑스러운 것은 우리 달성 서가들 족보를 세 번이나 전주에서 간행한 일이다.

1775년에 발간한 을미보乙未譜 서문에 보면 "작년 갑오甲午에 호수浩修가 호남백湖南伯이 된즉 이보다 먼저 조고(祖考 貞簡公: 文裕)께서도 비고碑稿를 호남영에서 판각하시고 선고(先考 文敏公: 宗玉)께서도 전보前譜를 호남영에서 인각하시니 여러 종인이 모두 말하기를 이 족보를 미루었던 것은 오늘날을 기다렸던 것이 아닌가? 하므로 드디어……."

이렇게 기록되어 있다.

출판 · 인쇄업을 하는 사람으로서 이 서문을 읽고 전주가 자랑스럽지 않을 수 없었다.

온고지신溫故知新. 족보는 고리타분하다고 외면할 일이 아닌 것 같다. 조상을 바로 알고 선조들의 훌륭한 뜻과 정신을 이어받으려면 족보와 더 가까워져야 하지 않을까.

-≪전북수필≫ 35호, 1993.

정자네 집

정자네 집은 항상 문을 열어놓고 나를 기다린다. 낮에는 물론 밤중에도 문을 닫는 법이 없다. 사무실에서 육십 걸음인가 되는, 엎어지면 코 닿는 거리에 있어서 수시로 들랑거린다. 더러 밤새워 일을 할 때는 내 집처럼 들어가서 잠깐씩 누웠다 나온다. 그래도 떠밀거나 짜증내는 법 없이 반겨준다. 특히 밤중에 들어가 누우면 별이 총총해서 어린 날의 시골집을 떠올리며 온갖 상념에 잠기게 한다. 여름이면 주로 그곳에서 밤을 새우는데, 모기란 놈이 귀찮게 괴롭히면 바람이 놀러와 놈을 쫓아주고 나랑 한참 놀아주면서 조용조용 옛날 얘기도 들려준다.

낮에는 길 하나 건너 아파트에 사는 친구들이 들어와 놀기도 하고 지나가던 아주머니들도 거리낌 없이 들어와 한참씩 떠들다 가기도 한다. 이들이 놀러 오는 시기가 거의 여름 한철로 한정되어 있어서 나머지 계절은 전부 내 차지가 된다.

언젠가는 내가 잠깐 시간을 내 정자네 집 마루에 앉아 있으면 어떻게 알고 오는지 가만히 옆에 와 앉은 여인이 있었다. 문학을 좋아하는 문학도인 그녀와는 가끔씩 정자네 집에서 데이트를 하기도 했다. 그래도 정자네는 시기하거나 투정부리지 않고 묵묵히 지켜보기만 한다.

한번은 어린애를 데리고 나와 정자네 집에서 노는 할머니가 있었다. 그런데 아이를 데리고 나오지 않는 날은 때가 지나도 집에 들어가지 않고 쓸쓸하게 앉아 있곤 했다. 이런 할머니의 모습이 눈에 자주 띄었다. 딸네 집에 잠시 손주를 봐주러 온 이 할머니는 아픈 사연들이 파란만장해서 며칠을 들어주어야 했다. 겉으론 화려해도 아픈 사연 몇 개씩은 가슴에 안고 사는가 싶어 가슴이 먹먹했다. 그뿐인가. 중동에 가서 사막바람을 맞으며 돈 벌어 한 푼도 쓰지 않고 송금하고 집에 돌아왔는데 마누라가 바람이 나서 집을 나갔더라는 가슴 터지는 얘기도 이곳에서 다시 듣는다. 아무튼 정자네 집은 가슴 아픈 사연들이 주저리주저리 열리는 집이다.

정자네 집은 멋이 있다. 지붕이 팔각으로 멋을 부리고 기와를 얹어 고풍스럽기까지 하다. 조경도 잘되어 있어서 처마 옆으로 느티나무 세 그루와 이팝나무 한 그루가 서 있고 그 옆으로는 철쭉이 있다. 운동기구도 철봉이며 허리돌리기랑 몇 종류가 있어서 체력 단련도 할 수 있게 되어 있다. 시설은 이렇게 괜찮게 해놓았는데 뭐가 바빠서인지 이 운동기구를 이용하는 사람이 거의 없다. 내가 가끔 만져보는 정도이니 아까운 생각이다. 아니지. 정자네 집은 내가 독차지하고 있으니 내심으론 기쁘기도 했다.

정자네 집을 지은 지 오륙 년 된다. 그때는 작은 나무를 심었는데 지금은 지붕 위로 쑥쑥 키를 키우고 몸피도 제법 불어났다. 무더운 여름날, 이 나무들이 팔을 벌려 바람을 불러들이고 한바탕 춤을 춘다. 이때 나는 웃통을 벗어젖히고 어깨를 흔들거리며 그들과 어울려 땀을 갠다. 때로는 가만가만 다독이며 자장가를 불러주기도 하는데 이럴 때는 스르르 눈이 감긴다. 나무들이 시원한 그늘을 마련해 놓으면 바람이 와서 아무때나 제멋대로 들랑거리며 느티나무와 잘 논다. 심술이 나면 작은 가지를 꺾어지기 직전까지 휘어놓기도 하는 심술을 부리기도 하지만 마루에 앉아있는 나는 잠깐 신선이 된다.

정자네 집처럼 지은 곳이 여러 군데 있는데 시골에는 모정이라 해서 동네 당산나무 옆에 있었다. 젊은 시절에 경복궁의 향원정에 가 본 것이 어렴풋이 떠오른다. 정자는 대개 팔각형으로 지었는데 칠각형인 경우도 드물게 있다. 강릉 활래정은 ㄱ자형이고 창덕궁 부용정은 아亞자형이며, 관람정인가는 부채꼴로 지어졌다고 한다.

정자는 자연과의 동화를 위하여 주위를 대부분 개방하고 냇물이 흐르면 계정溪亭을 짓고 동산에는 산정山亭을 지어서 주변의 자연경관과 잘 어울리도록 했다.

도회지 아파트 옆에 지어진 정자네 집은 그런 수려한 풍광을 주위에 두고 있지는 않지만 나는 여전히 정자네 집을 내 집처럼 들랑거린다. 거기에서 쉴 때면 내가 마치 그 옛날의 양반이라도 된 양 거들먹거리며 희희낙락해진다.

—≪문맥≫ 38호, 2012.

2

평행선

혼잣말

평행선

복된 만남

골목대장

받고 싶은 전화

길을 가다가도 웃는다

각양각색의 필체

살아 움직이는 활자

앵두

혼잣말

언제부터 시작되었는지 모르겠다, 책상 앞에 앉아 일을 하다가 벌떡 일어나는 버릇이-.

일어서서 혼잣말로 중얼거리다가 다시 앉곤 한다. 그때마다 옆자리의 직원은 무슨 일인가 싶어 내 눈치 살피기에 바쁘다.

"아무 일도 아냐. 나 혼자 하는 말이니 신경쓰지 말아요."

얼버무리고 말지만 뜻하지 않게 발작적으로 일어나는 이 벌떡 증세 때문에 직원들 앞에서 쑥스럽고 멋쩍을 때가 한두 번이 아니다.

다른 때는 아무렇지도 않다가 교정을 볼 때면 이 증세가 도진다.

"아니, 이럴 수가!"

"뭔데 그러세요?"

L부장은 가끔 말참견을 한다.

"이것 좀 봐. 경기 룰도 모르고 선수들이 그라운드를 누비고 있으니……."

날마다 많은 작가들의 원고를 만난다. 최근에는 월간지다, 격월간지다, 계간지다 해서 잡지 몇 개를 발행하다 보니 전국의 문인들로부터 원고가 많이 들어온다.

원고지 형태도 가지가지이다. 16절지의 큰 것이 있는가 하면 손바닥을 겨우 덮을 정도의 작은 원고지도 있고 색깔도 파랑, 빨강, 초록, 갈색, 검정 등 그야말로 각양각색이다. 그뿐인가, 워드프로세서, 컴퓨터 등 문명의 이기들을 이용한 원고며 더러는 팩스로 보내오기도 한다.

출판사 자체에서 기획해서 원고료나 인세를 지불하는 경우는 처음부터 원고를 검토해서 넘기기 때문에 별 문제가 없지만 잡지들의 경우는 시간에 쫓기기 때문에 대개 누구누구 작품, 특집은 무엇무엇 해서 대충 레이아웃을 한 뒤 조판에 넘기게 된다. 동인지들도 거의 원고만 수합해서 가져올 뿐 원고를 검토해서 맞춤법, 띄어쓰기, 문법에 맞게 바로잡아 오는 경우가 없다. 따라서 흠없는 책을 만들기 위해서는 교정에서 철저히 체크하여 바로잡을 수밖에 없다.

교정을 한 번이라도 보아본 경험이 있는 경우엔 쉽게 이해가 되리라 생각한다.

교정을 보다가 가끔 엉뚱한 환상에 빠질 때가 있다. 수천, 수만의 관중이 모인 야구장에 야구 규칙을 모르는 선수가 등장하여 안타를 하나 때리고 홈런을 친 선수처럼 유유히 1루, 2루, 3루를 돌아 홈에 들어오는 광경을 떠올려 본다. 아마 모르긴 해도 관중석이 발칵 뒤집히지 않을까. 처음엔 영문을 몰라 어리둥절하고 있다가 이 선수가 룰을 모르는 선수였다고 알려진다면 엉터리 선수를 출전시킨 감독은 물론 멍청이 선수를 쫓아내라고, TV뉴스에 가끔 나오는 야구장에서의 난동장면이 되풀이될 것이 틀림없다. 방석이 날고 콜라병, 소주병이 운동장을 난무하는—.

모든 경기에서 룰은 생명이다. 규칙이 무시된 경기는, 경기 그 자체가 성립될 수 없기 때문이다. 선수는 이 룰을 성실히 지키면서 경기에 임해 자기의 능력을 최대한 발휘해야 한다.

그런데 경기규칙도 모르는 선수가 당당히 활보하는 경기가 있다면—. 아마 많은 분들은 무슨 그런 웃기는 경기가 있느냐고 반문하거나 뚱딴지 같은 소리 말라고 화를 내실 분도 있을지 모르겠다.

그러나 있다. 그것도 우리 문단에 있는 것을 어쩌랴. 어느 어느 기관에서 시행하는 선수 선발시험을 통과, 당당히 등록한 선수들. 이 공인받은 선수들 중에 룰을 인식하지 않은 채, 아니 전혀 모른 채 덮어놓고 뛰는 사람들이 의외로 많다 보니 교정을 보다가 벌떡증이 일어나는 것이다.

선수 선발기관이 문제가 아닐 수 없다. 선수를 경기장에 내보내려면 적어도 룰만은 익히도록 해서 경기에 임하도록 해야 할 것이 아닌가.

문법이나, 맞춤법, 띄어쓰기는 제쳐두고라도 원고지 쓰는 법도 모르는 사람을 선수로 등록시켜 문단에 내보내는 기관이 실로 걱정되지 않을 수 없다.

문자는 기호이다. 따라서 기호는 많은 사람들과의 약속이 아닌가. 이 약속이 무시된다면 어떻게 될까.

모로 가도 서울만 가면 되고, 밥먹는데 손으로 집어 먹은 들 그게 무슨 잘못이냐? 개떡같이 얘기해도 찰떡같이 알아들으면 될 것 아니냐고 말한다면 할 말은 없다. 경기규칙은 몰라도 홈런만 치면 되는 거라고 우기면 할 말은 더욱 없어진다.

어째서인지 모르겠으나 대부분의 사람들이 맞춤법, 띄어쓰기는 전공이 아니어서 잘 모르니 적당히 알아서 해주라고 한다. 대학 교수들까지도 그런 분들이 많으니 더 말해 무엇하랴.

조금 틀려도 별것 있느냐면서 그야말로 아무렇지 않게 얘기한다.

그러나 영어라든지 일어 등 외국어에 이르면 얘기가 사뭇 달라진다. 본인이 잘 모르면 그 분야의 전문가를 찾아가서 바로잡아 오고 그것이 어려우면 누구를 동원해서라도 한 곳도 틀리지 않게 해달라고 거듭거듭 부탁한다.

참 알 수 없는 노릇이다. 외국에 나가면 철저하게 그 나라의 규범에 따라야 하고 우리나라에서는 질서를 무시해도 된다는 생각인지, 아니면 사대주의 사상이 어디 뼛속에라도 박혀 있어서인지, 아무튼 내 머리로는 이해할 수 없는 불가사의의 하나다.

중얼거리는 혼잣말이니 좀더 해보자. 문인들 모임에 더러 참석해 보면 문학 얘기는 들을 수 없고 다른 얘기들 뿐이다. 물론 문인들도 보통 사람이니 일상 살아가는 이야기가 나올 수밖에 없겠지만 동인들끼리 한 번씩 만나는 모임에서만이라도 원로들을 모셔서 문학 얘기를 들었으면 좋겠다. 원고지 쓰는 법 같은 것이야 잠깐 얘기를 들어도 될 것이 아닌가.

"서서 뭘 그렇게 중얼거리세요?"

"아, 예. 아무것도 아닙니다. 저 혼자 하는 말이니 신경쓰지 마세요."

—≪전북수필≫ 36호, 1993.

평행선

전주역. 얼마 만의 해후인가. 그러니까 도심지인 지금의 시청 자리에서 변두리의 이곳 우아동으로 옮겨온 후 처음 만나는 것이니 실로 얼마 만인가. 역사驛舍를 옮긴 것이 1980년인가 1981년이었던 것으로 기억되는데 그렇다면 10년 하고도 손가락 몇 개를 더 꼽아야 할 세월이 아닌가.

아내와 함께 광장에 서 본다. 어디로 떠나기 위해서 온 것은 아니다. 근처까지 온 김에 그저 역까지 온 것이다.

건강이 좋지 않아 차를 탈 수 없게 된 것이 역사驛舍이전한 2년 후인가의 일이어서 좀처럼 역에 나올 수가 없었던 것이다. 그런데 오늘은 행사를 주관하게 되어 부득이 아침부터 나서서 아내의 눈 부추김을 받아가며 근처 가든에서 행사를 마치고 아내의 뒤를 따라 역광장까지 온 것이다.

역은 옛모습 그대로이다. 새로 지은 건물인데도 어디 변한 구석이라곤 없어 보인다. 10년이면 강산도 변한다는데 전에 보았던 그 얼굴로 다정스레 맞아준다. 우리의 전통적인 모습을 보는 것은 고향을 찾은 것처럼 포근하고 흐뭇

하다. 굳이 변한 곳을 찾으라면 역사의 키가 좀 작아진 느낌이다. 왜 그런가 보았더니 토방이 너무 낮다. 그래서 건물이 좀 가라앉아 보인 것이다.

전주역은 수원역과 함께 우리의 전통양식인 한옥 형태로 건축되어 많은 사랑을 받아왔는데 역을 옮겨 신축하면서도 옛 모습을 살려서 그대로 지었기 때문에 얼굴이 변하지 않은 것이란다.

역은 언제나 내게 꿈으로 다가왔다. 미지의 꿈이 시작되는 곳이었던 것이다. 청운의 뜻을 품고 맨 처음 서울행을 할 때 기차를 탔었기 때문인가. 아니, 수학여행 때 기차를 타고 미지의 세계를 향해 달렸기 때문인가. 아무튼 무엇인가 가슴이 막혀와 답답할 때는 역을 떠올리곤 했다.

그러나 기차를 타는 일보다 철길을 걷는 것을 더 좋아했다. 두 줄로 나란히 그리고 무한히 뻗어있는 철길. 평행선을 주욱 그어 놓은 철로에 서면 영원히 만나지 못하는 두 레일이 까마득한 곳에서 소실점으로 만난다. 그게 신비해서 자꾸만 앞으로 걸어갔던 유년 시절—.

어려서는 산골에서 자랐기 때문에 철길을 만나지 못했다. 고작해야 꼬불꼬불한 산길이었다. 다만 동네 앞으로 꽤 넓은 신작로가 외길로 나 있었을 뿐이었다. 그때는 이 신작로가 내게 미지의 세계에 대한 꿈을 키워주었다.

동네 앞을 지나는 신작로를 따라 서쪽으로 한 100미터쯤 가면 커다란 당산나무가 서 있고, 그 당산나무를 중심에 두고 빙둘러 돌을 차곡차곡 쌓아 놓았었다. 이름하여 탑거리라 불렀다. 이 탑거리에서부터 화암리 방면으로 길 양편엔 가로수가 주욱 늘어서 있었다. 면 전체가 한 동리도 빼놓지 않고 불타버린 6 · 25의 처참한 상처 속에서도 가로수들은 피해를 입지 않고 살아남았던 것이다.

초등학교 4학년 때였던가. 그때는 이 신작로를 지나다니는 차가 없었다. 버스는 물론 없었고 다른 차들도 궁벽진 이곳까지 온 일이 없었다. 그저 간간이 소달구지가 느릿느릿 오고갔었다.

학교가 파하면 책보를 어깨에 둘러멘 채 탑거리의 탑에 앉아 끝 간 데 없이 이어지는 두 줄기의 가로수 길을 보며 꿈에 잠겨 있곤 했다. 하루는 까마득히 멀어져 가는 소달구지를 따라 무작정 걸었다. 화암리를 지나고 다음 동네인 자양리 근방까지 갔는데 소달구지가 갑자기 눈에 보이지 않았다. 가로수길은 아직도 끝이 없는데 갑자기 무섬증이 와락 들어 되돌아서 정신없이 뛰었다.

집에 돌아와 보니 온몸이 땀으로 후줄근히 젖었고, 어머니께 꾸중을 많이 들었다. 그 뒤로도 가끔씩 그 평행으로 끝없이 이어지는 신작로 가로수길을 혼자 걷곤 했으나 더 멀리 가지는 못하고 되돌아왔다.

역 광장에서 역사驛舍를 배경으로 몇 컷의 사진을 찍고 차 시간이 아니어서 텅 빈 플랫폼으로 들어가 철길을 배경 삼아 몇 장의 사진을 더 찍었다. 그리고는 아내에게도 철길을 배경으로 사진을 찍어 주겠다고 하니 쑥스럽다며 자꾸 사양을 한다.

"왜 그래? 옛날에는 손잡고 잘도 걸었으면서ㅡ. 참! 언젠가는 철길을 걷다가 꼬박 밤을 새운 일도 있잖아ㅡ."

했더니 피식 웃는다. 아내도 감회가 남아있는가 보다.

결혼 전, 철길은 아내와 내가 무던히 거닐었던 길이다. 그래서인지 결혼해서는 철길처럼 살아오지 않았나 생각되기도 한다.

두 줄기로 끝 간 데 없이 뻗어있는 레일. 철길은 평행선이어서 서로 만날 수 없지만 기차를 통하여 하나로 만난다. 승화된 만남이다.

철로는 철저한 평행선이어야 한다. 행여 어디 한군데서라도 만나면 사고가 난다.

아내는 철로 역할을 충실히 해주고 있다. 내가 휘어지면 같이 휘어져 주고 내려가면 같은 높이로 내려가 주었다.

나는 바보처럼 입을 헤벌리며 아내의 손을 잡았다.

"아이구, 아퍼요."

살쐐기에 쏘인 것처럼 얼른 손을 빼내며 눈을 흘긴다. 그러나 싫지 않은 눈길이다.

철길은 우리 앞에 여전히 평행선으로 끝없이 펼쳐져 있고 아스라이 먼 곳에서는 역시 소실점으로 만나고 있다.

ㅡ≪전북수필≫ 37호, 1993.

복된 만남

우물 안 개구리. 그렇다. 난 요즘 꼭 우물 안 개구리가 되어가고 있다. 매어놓은 송아지처럼 행동반경이 일정한 테두리를 벗어나지 못하고 있다. 언제부터인가 주위에 아파트군이 들어서는가 싶더니 유일하게 초록빛으로 싱그러움을 안겨주었던 어은골 뒷산의 푸름을 회색으로 마구 칠해버렸다. 문밖을 나서면 파아란 하늘이 가슴 가득 밀려오던 덕진 쪽마저 심술사납게 휘장을 쳐 사방 어디를 둘러봐도 회색빛이다.

머리 위로만 하늘이 빼꼼히 보일 뿐이다. 숨이 컥컥 막혀온다.

우물 안을 벗어나 볼까 하여 이웃해 있는 중앙여중 교정을 기웃거려 본다. 정문에서부터 교사까지 히말라야시다가 주욱 늘어서 있고 운동장이 시야를 넓혀준다. 그러나 주위에 임립하고 있는 키 큰 건물을 둘러볼라치면 우물 안임을 더욱 실감시켜 줄 뿐이다.

어깨가 제법 넓은 히말라야시다 밑에 서 본다. 길게 늘어뜨린 가지의 푸름으로 주위의 회색빛이 가려지면서 고향의 당산나무를 떠올리게 한다. 히말라야시다의 만남은 잠시나마 우물 안의 답답함을 잊게 해준다.

만남. 그래, 일생을 살아가는 동안 만남처럼 소중한 일이 있을까. 어쩌면 살아가는 일이 만남의 연속과정인지도 모르겠다. 태어남은 곧 부모와의 만남이고 자라면서 친구들을 사귀고 선생님, 배우자, 직장 등등 무엇 하나 중요하지 않은 만남이 있겠는가. 만남은 서로에게 알게 모르게 영향을 주고받는다.

히말라야시다처럼 가슴에 항상 푸르른 그늘을 드리워주는 분이 떠오른다. 특히 요즘처럼 부정 · 부패 · 이기주의 등의 벽으로 둘러싸인 우물 속에 빠져버린 것 같은, 답답한 가슴일 때는 더욱 더 선명히 떠오르는 분.

이분은 행정공무원으로, 오래전에 정년퇴임을 했는데 처음 만남은 한 30년 전쯤이었던 것 같다. 그때는 월급쟁이 생활을 하고 있을 때여서 한 달에 한두 번 정도 만났고 그저 평범한 사귐이었다. 나보다 훨씬 연상이어서 아저씨처럼 허물없이 따르기는 했으나 특별히 친교를 맺지는 못했었다.

사업을 시작하면서 자주 만나게 되었고 많은 도움을 받았다. 이분을 통해서 많은 분들을 소개받았고 따라서 거래선도 많이 확보하게 되었다. 그러나 항상 지나침이 없었다.

이분이 계약부서에 계실 때였다. 예나 지금이나 업자들은 일거리를 맡기 위해 물불을 가리지 않고 덤벼든다. 큰 일거리가 있는 곳이면 업자들이 우르르 몰린다. 나름대로 줄을 대고 로비들을 한다. 일거리는 발주부서에서 계약부서로 아직 넘어오지도 않았는데 업자들은 벌써 계약부서 이곳 저곳에 진을 치고 눈치보기에 여념이 없다. 이럴 때면 이분은 어김없이 큰 소리로 업자를 불러서,

"아니, 뭣하러 죽치고들 앉아 있어? 이번에는 ○○사만 남고 다들 가! 누구 누구는 지난번에 가져갔잖아."

하고 사정없이 쫓아버린다.

뒤통수를 긁으며 나올 수밖에 없는데, 이분의 공정하고 사심없는 일처리에 모든 업자들은 서운함이 없이 홀가분하게 쫓겨 나온다. 일거리를 공정하게 나눠주기 때문에 업자들끼리 암투가 없어지고 사이도 좋아져 서로 차를 사겠다고 가벼운 실랑이를 벌이곤 했었다.

이분은 "언제 시간 좀 내주십시오. 식사라도 한번합시다." 하면 "그래, 언제, 어디로 나와." 하고 시원하게 응낙하신다. 나오라는 곳으로 가 보면 간단한 식사집이다. 직원들까지 대여섯 명이 먹어도 요즘 돈으로 치면 3, 4만 원이면, 속된 말로 썼다 벗었다 한다.

나는 대접하는 입장이어서 식사는 물론 술도 고급으로 주문하고 안주도 시킬라치면 "어이, 서 사장! 돈 그렇게 많이 벌었어? 내가 시키는 대로면 됐어. 그리고 그 이상이면 당신만 일감 다 달라는 소리야. 알았어?" 하고 일언지하로 잘라버린다.

이분과는 공직에 계시는 동안 공적, 사적으로 수없이 만났지만 이 범위를 단 한번도 벗어난 적이 없었다.

언젠가는 이분이 단위기관으로 자리를 옮기셨을 때인데 점심이라도 모실까 해서 시간을 맞춰 방문했었다. 사무실을 들어서니 이분을 중심으로 직원들이 모여서 왁자지껄 웃음소리가 요란했다. 꾸벅 인사를 드렸더니 다짜고짜로 "마침 잘됐어. 이거 한번 짚어봐." 하면서 종이 쪽을, 한 부분을 가린 채 내

민다. '사다리타기' 라는가 하는 제비뽑기였다. 점심으로 짜장면 내기를 했는데 한 사람만 덤으로 얻어먹고 나머지는 올라가면서 조금씩 더 부담하는 규칙이었다. 제비뽑기를 했지만 점심을 사려고 작정하고 갔고 더구나 값이 얼마 되지 않아 내가 돈을 다 치렀더니 정색을 하시고 제비뽑은 대로 한 그릇 값만 내놓고 돌려주신 일도 있었다.

이분이 정년퇴임을 하신 후 어느 해 여름철이었다. 날씨는 덥고 일거리도 별일이 없어서 나무 밑에 앉아서 바둑을 두고 있었는데 마침 이분이 지나가셨다. 두던 바둑을 놔두고 상대방에게 사과를 한 후 일어서서 따라나섰다. 그랬더니 "바둑을 둬도 괜찮겠구만." 하신다. 밑도 끝도 없이 하신 말씀이라 어리둥절하고 있었더니 "무슨 일에든지 거기에 빠지지만 않으면 돼!" 하고 덧붙이신다.

이분에 관해서는 일화가 숱하게 많은데도 급히 쓰다보니 천분의 일도 나타내지 못한 것 같다.

아무튼 만남에 중하지 않은 만남이 있을까마는 나는 이분과의 만남으로 해서 사시사철 푸르른 거목을 가슴에 키우고 있다.

-≪전북수필≫ 38호, 1994.

골목대장

대장은 골목에 들어서면 어깨가 으쓱해지고 신이 난다. 누구보다 높은 벼슬이기 때문이다.

골목엔 으레 칠팔 명의 조무래기들이 놀고 있다가 대장이 나타나면 우루루 몰려와 서로 앞을 다퉈 큰 소리로 "안녕하세요." 인사를 한다. 그때마다 골목대장은 일일이 머리를 쓰다듬어주거나 때로는 껌을 하나씩 나누어 주기도 한다.

대장네 골목은 꼬마들의 놀이터로는 아주 그만이다. 어떤 심술궂은 분이 자기 땅이라면서 넓고 긴 골목길 입구를 차가 드나들지 못하도록 돌멩이로 꼭꼭 막아 놓아서, 꼬마들이 이 골목에서 놀고 있으면 부모들은 안심하고 집으로 돌아간다.

오전에 네댓 살짜리 꼬마들이 세발자전거를 타고 달리기 경주를 하기도 하고, 고물기계 위에 올라가 타잔을 흉내내기도 하다가, 모래더미에 쪼그리고 앉아 모래장난에 시간 가는 줄 모른다.

골목은 점심때가 지나면서 시끌짝하니 아연 활기를 띤다. 유치원에 갔던 대여섯 살짜리들이며 초등학교 1 · 2학년 또래들이 몰려오기 때문이다.

해거름엔 초등학교 고학년, 중학교 저학년 애들이 야구나 축구를 하고 때로는 배드민턴을 한다. 자연히 꼬맹이들은 한쪽 구석으로 밀리거나 차가 다니는 넓은 길로 나간다. 그때마다 골목대장은 큰놈들을 인근학교 운동장으로 쫓지만 이내 흥이 사라진 꼬맹이들은 하나 둘 집으로 돌아간다.

꼬마들은 서로 잘 어울려 놀다가도 밀치고 때리기도 하고 엎치락뒤치락 드잡이를 한다. 세발자전거를 한번 얻어탄 뒤에는 돌려주지 않고 계속 타고 있어서 애를 먹이는 놈이 있는가 하면 남의 손에 든 아이스크림을 후닥닥 한입 베어먹고는 시침을 뚝 떼는 놈도 있다.

이럴 때면 조무래기들은 어김없이 골목대장을 찾는다. 흙먼지로 얼굴이 온통 얼룩진 채 사무실 문을 밀치고 들어와서는

"ㅁㅁ가 자전거를 안 줘요."

"○○이가 모래를 찌끌었어요."

"△△이 나를 밀었어요."

"××는 내 아이스크림을 뺏어 먹었어요."

등등 골목대장에게 일러바치고 지원을 요청한다.

골목대장은 신이 나서 "그래, 그래. 내가 가서 혼내 줄게." 하면서 손을 잡고 나간다.

과자와 아이스케이크 등을 사가지고 가서 문제의 꼬마들에게는 한 개씩만 주고, 나머지 애들에게는 두 개나 세 개씩 안겨준다.

한 개씩 받은 놈들은 더 달라고 떼를 쓰지만 "오늘은 잘못했으니 한 개만 받고 사이좋게 잘 놀면 다음 번엔 더 주겠다." 하고 딱 자른다. 이 조무래기들은 언제 싸웠느냐는 듯 다시 어우러진다.

골목대장은 연신 나오는 웃음을 입가에 깨물고 뒷짐진 채 주위를 맴돈다. 골목대장 할아버지, 꿀밤대장, 침할아버지, 사탕아저씨, 아찌, 하버지 등 꼬마들이 부르는 골목대장의 이름은 다양하다.

골목대장이 한창 젊었을 때는 'S형' 이라고 불리기도 했다.

지금은 나이 든 사람들이나 기억하는 물방앗거리에 단짝인 친구가 둘이나 있어서 토요일 오후와 일요일엔 거의 그 친구들 집에서 살았었다. 친구들끼리 이름을 부르지 않고 성을 앞에 붙이고 '형' 이라 호칭했기 때문에 꼬마들도 덩달아 'S형' 이라며 따라 다녔다.

대여섯 살 꼬맹이에서부터 제법 키가 큰 중학교에 다니는 놈들까지 졸랑졸랑 따라다니며 'S형! S형!' 부르고 아주머니, 할머니들까지도 'S형, 왔어!' 하곤 했다. 물방앗거리에 가면 누구에게나 '꼬마대장 S형' 으로 통했다.

몇 년 전에는 MBC 근방을 걷고 있었는데 'S형!' 하는 소리에 뒤를 돌아다 보았더니 그 물방앗거리에서 자랐던 초등학교 꼬마가 어느새 아주머니가 되어 아이들 손을 잡고 걸어오고 있었다.

깜짝 반가워 골목대장도 "'□자야, 오랜만이구나!" 했다. 불쑥 'S형!' '□자야!' 해 놓고는 서로 어색해서 한동안 다음 말을 잇지 못했다. 옆에 서 있는 남편은 젖먹이를 안은 채 무슨 영문인지 몰라 어리둥절해 있었고－.

대장은 역시 꼬마대장이어서 말똥말똥 쳐다보고 있는 꼬마를 번쩍 들어올려 "이놈! 내가 꼬마대장 S형이다." 하고는 볼에 뽀뽀를 해댔다.

골목대장이 요즘은 풀이 죽어 있다. 꼬마대장 노릇도 힘든 세상이 되었다고 투덜대면서 말이다. 항상 세발자전거를 빼앗아 타거나 툭하면 밀치고 때리는 무법자 녀석에게 어느 날인가, 아이스크림을 주지 않았었다.

이 무법자 녀석은 나도 달라고 조르다가 울음을 터트리면서 집으로 내달았는데 얼마 후 나타난 젊은 엄마도 무법자였다.

전후 사정은 아랑곳없이 다짜고짜 '남의 귀한 아들을 왜 울리냐?' 할 말 못 할 말 막 퍼부어대는 바람에 골목대장은 꼼짝 못하고 멍하니 서서 당하기만 했던 것이다. 그 뒤로도 두어 번 무법자에게 당한 골목대장은 세상이 많이도 변했는데 그걸 깨닫지 못했다고 탄식했다. 이제 골목대장, 꼬마대장 자리를 내놓아야겠다며 풀이 죽어 있는 것이다.

이런 심중을 모르는 꼬마들은 골목에 나온 대장에게 깍듯이 "안녕하세요." 하며 인사를 한다.

인사하는 꼬마들 머리를 쓰다듬으며 골목대장은 '그래, 역시 나는 영원한 꼬마대장이야.' 속으로 외친다.

-≪전북수필≫ 39호, 1994.

받고 싶은 전화

아침 일찍 한 통의 전화를 받았습니다. 아침 일찍 걸려온 전화는 대개 반갑지 않은 전화입니다. 거의가 어제 납품 못한 것을 빨리 가져오라는 전화가 태반입니다.

오늘은 뜻밖의 K과장이었습니다.

승진—. 그의 전화는 종일 가슴을 뿌듯하게 해 주었습니다. 마치 내가 승진이라도 한 것처럼 하루내 들뜬 기분이기도 했습니다. 지천명의 허리를 넘어선 나이에 별일이다 싶기도 했습니다.

한 여행객이 있었습니다. 그는 외국을 이웃처럼 드나들었습니다. 지난해 그는 뱃길 여행을 했습니다. 그가 탔던 배의 이름은 건성으로 들어서 잊어버렸는데, 배의 길이는 283미터, 승용차가 600대, 버스가 60대, 승선 정원이 3,000명이나 되었습니다. 에스컬레이터에 실려서 선체 안에 들어섰을 때는 배를 탔다기보다는 하나의 도시 안에 들어온 것 같았답니다. 더욱이 중앙 좌

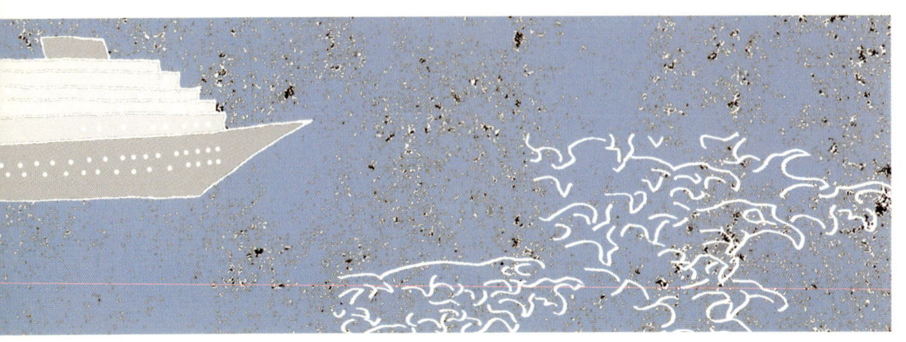

우로 들어선 여러 종류의 상점들과 오락시설, 그 위로 솟아있는 객실아파트 등은 입을 벌어지게 했습니다.

바다에 떠 있는 이 거대한 선박도시는 물결을 가르며 발틱 해 중심부로 유유히 헤쳐나가고 있었습니다.

그런데 참으로 신기한 것은 10여 분 앞서 출발한 바이킹 호와의 거리였습니다. 그가 타고 있던 배와 크기, 모양은 비슷했고 같은 목적지로 향하고 있었는데 근소한 출항시간 때문에 생긴 거리가 많은 시간이 흘러간 후에도 그대로 유지되고 있었던 것입니다. 두 배는 의좋은 길동무가 되어 조용히 앞뒤에서 입항할 때까지 그 거리, 자로 재어도 한 치의 오차가 없을 것 같은 바로 그 일정거리를 두고 있었다고 합니다.

우리 회사의 A상무는 자가용으로 출퇴근을 하고 있는데 찻길에서 유난히 재치있는 운전기사들을 만난다고 합니다. 그들은 조금만 틈이 있어도 차선을 요리조리 바꾸는 능란한 운전솜씨를 가진 사람들입니다.

한번은 신호를 기다리고 있는데 느닷없이 차 한 대가 하늘에서 내려온 듯 가벼운 율동마저 보이면서 앞에 와 서는 것을 보았습니다. 다른 차선에 있다가 재빨리 자리를 바꾸는 그 솜씨, 어쩌면 그렇게 정확하게 손으로 집어다 놓은 것처럼 한 치의 틈도 없이 그 빈 공간을 차지할 수 있을까 싶었습니다.

A상무는 그 마술사 같은 운전사가 어떻게 생긴 사람인지, 그 체구가 어느 정도인지 알아보고 싶은 호기심이 일었답니다. 이야기를 듣던 나도 퍽 궁금했습니다. 허우대가 미끈하고 멀쑥한 얼굴의 사람이었다는데 그의 외관과는 상관없이 그 사람이 참 작아보였다고 합니다.

큰 배는 앞서고 뒤서는 데 관심이 없습니다. 자기 역량을 정상으로 발휘하여 목적한 곳을 향해 갈 뿐입니다. 늦게 출발한 자가 먼저 항구에 들어간다 해서 잘한 것도 성공한 것도 아닙니다. 제 갈길을 제 실력대로 가면 되기 때문입니다.

그러나 작은 배, 작은 차는 선후의 서열에 민감합니다. 앞서 가면 우쭐해지고, 뒤에서 따라가면 위축됩니다. 그리하여 할 수 있는 대로 선두 주자가 되고자 애를 씁니다. 그런 일이 많고 보니 삶의 길에 질서가 문란해지기도 합니다.

흔히 큰 인물은 뒤에 서 있습니다. 모두가 달리는 경쟁의 와중에 섞여 있지 않습니다. 보이지 않는 곳에서 제 할 일에 열중하고 있는 그에게서 우리는 범인을 초월한 큰 인물을 발견하게 됩니다.

요즘은 재치있는 운전사들이 많은 세태이어서 조금만 틈이 있어도 차선을 바꾸어 앞을 가로막는 작은 배, 작은 차들이 많습니다. 얌체 차량들을 구경하면서 안타까워하곤 했습니다.

K과장은 역시 큰 배였습니다. 앞서고 뒤서는 데 관심이 없어 자기 역량을 발휘하여 목적한 곳을 묵묵히 항해하는 커다란 배였습니다. 어느 곳에서고 실력을 발휘하여 공명정대하게 갈 길을 가는 커다란 배였습니다.

오늘 나는 이 사실을 다시 확인하게 되어 내내 들뜬 기분이었던 것 같습니다. 그는 나의 친척도 아니고 동문도 아닙니다. 그런데도 이해 관계가 없는 그의 승진에 들뜬 것은 내게도 아직 때묻지 않은 순수한 마음 한구석이 있음인지도 모르겠습니다.

아무튼 오늘 같은 전화는 아침 일찍 받고 싶습니다.

날마다 받았으면 더욱 좋겠습니다.

–≪전북수필≫ 42호, 1995.

길을 가다가도 웃는다

길을 가다가 갑자기 웃음이 터져 나왔다. 지나가는 사람들이 의아한 눈으로 흘끔거린다. 어금니를 지그시 누르고 웃음을 참아보지만 나오는 웃음을 어찌할 수가 없다. 같이 걷던 아내도 의아해서

"무슨 재미있는 일이라도 있어요? 자꾸 웃게—."

하고 묻는다.

"세상에, 요지경속이라더니 한약을 다리미로 다려주는 곳도 있네."

"설마, 그런 곳이 어디 있을라구요?"

"아냐 아냐. 저기 있어. 저기 좀 봐."

그러니까 지난주였던가. 아니 지난달 어느 토요일이었던 것 같다. 친척의 혼사가 중앙성당에서 있었기 때문에 아내와 같이 집을 나서서 중앙상가를 지나 팔달로 쪽으로 지나고 있었다.

거기는 본래 하천이었는데 복개공사를 해서 가게가 들어선 곳이다. 전에는 건어물 가게들이 주욱 늘어서 있었고 몇 군데 반찬가게가 끼어 있기도 했다.

오랜만이어서 그런지 많이 변해 있었다. 어쩐 일인지 건어물 가게는 몇 곳 없고 한복을 만들어 주는 바느질집들이 다닥다닥 붙어 있었다. 조명이 안 되어 좀 어두웠는데 계속되는 바느질집들 틈에 "한약 다려드립니다"라는 간판이 눈에 띄었다.

한복집들 틈에 있다 보니 덩달아 한약도 다리미로 다려주게 되었는가 싶어 웃음이 터져나온 것이다.

'한약을 다려드립니다.' 이건 '약을 달여주는 것' 이 아니고 '다리미로 다려드린다.' 는 뜻이니 웃음이 나올 수밖에―.

아내도 피식 따라 웃더니

"아니, 교정은 사무실에서나 보면 됐지 밖에 나와서까지 극성을 부리시우."

하며 핀잔 아닌 핀잔을 준다.

"그나저나 저 집에서는 밖에다 써붙이기는 다리미로 한약을 다려준다고 했지만 안에서야 약탕관에 넣어 달여 주겠지?"

하며 연신 키득거리며 지나왔다.

간판을 생각하다 보니 얼핏 떠오르는 것이 '종친회' 라는 길게 내려쓴 간판이다. '종친회' 하면 대부분의 사람들이 일가붙이끼리의 모임단체로 알고 있다.

대개 무슨 모임이나 이름 끝에 회會자를 붙여, 모임의 명칭으로 사용하는 것이 통례여서 나도 그렇게만 알고 있었다. '종친회' 라면 당연히 종친들의 모임이 아니겠는가 하고 말이다.

그런데 몇 년 전부터 일가들의 모임에 끼이게 되어 어깨너머로 기웃거리곤 했는데 어른들과 무슨 얘기 끝에 '종친회' 의 뜻이나 알고 있느냐는 물음이

나왔다.

조선조 때 종친부라는 관청이 따로 있어서 왕실의 족친族親 관계의 일을 맡아보았고 역대 선왕先王들의 계보, 초상화를 보관하고 왕과 왕비의 의복도 이 종친부에서 관리했다고 좀 아는 소리를 한 것까지는 좋았는데—. 오늘의 종친회는 선조들의 문화 유산을 전승, 보존하고 특히 위선爲先사업에 중점을 두어야 한다, 운운하고 사족을 단 것이 짧은 밑천을 드러내는 꼴이 되고 만 것이다. 지금도 그 생각을 하면 얼굴이 달아오르곤 한다.

'종친회' 는 일가붙이끼리 모이는 모꼬지, 또는 그 일을 맡아 하는 모임이라고 국어사전에 나와 있다.

'모꼬지' 는 여러 사람이 놀이나 잔치 따위의 일로 모이는 일을 말한다.

이만하면 종친회의 뜻이 분명해진다. 말하자면 '종친회에 간다' 고 하면 일가붙이끼리 벌이는 잔치나 놀이에 간다는 뜻이 된다.

그런데도 나는 지기 싫어서 "일가들이 모이면 노는 것이니 다른 일이 있느냐. 따라서 일가들의 모임이 종친회다."라며 우겼는데 나의 얕은 바닥만 드러내 보인 것이다.

그렇다면 일가들의 모임을 뜻하는 말은 어떤 것일까.

'종회' —종중의 일을 의논하기 위한, 일가붙이끼리의 모임.

'종중' —한겨레붙이의 문중門中

'문중' —성姓과 본本이 같은 가까운 집안

사전을 펼쳐보기 전까지만 해도 종친회와 종회를 명확히 구분하지 못하고 있었으니 뭐 조금 안다고 아는 체를 한 것이 얼마나 낯뜨거운 일이었는가.

각설하고 간판 한두 곳이 잘못 씌어 있은들 그게 뭐 그리 대수로운 일인가. 한약을 다리미로 다려주진 않을 것이고 종친회라 해서 종사는 젖혀놓고 만날 잔치만 벌이진 않을 터이니 말이다.

문제는 우리 사회 곳곳에 교정을 철저히 보아야 할 곳이 너무 많아서 탈이다.

책을 만들 땐 뭐니뭐니해도 교정이 철저해야 한다. 적어도 몇 사람이 네다섯 번은 한눈팔지 않고 보아야 한다. 아무리 좋은 내용이어도 오자誤字 탈자가 많은 책은 평가절하될 수밖에 없으니 말이다.

원고를 놓고 교정을 네다섯 번 철저히 보았다면 성수대교가 폭삭 무너져 내리지 않았을 것이고, 인천이며 부천 같은 곳에서 세금을 그렇게 멋대로 주물럭거리지는 못했을 것이다.

교정을 보는 일은 귀찮다. 깨알을 세듯 그렇게 꼼꼼히 챙겨야 하니. 생색도 나지 않는다. 잘해야 본전인 장사가 교정 보는 일이기도 하다. 틀린 곳이 없으면 당연한 것이고, 한 군데라도 틀리면 이건 잘못이다. 그래서 히트나 홈런은 없고 에러만 있는 야구선수에 비유되기도 하다.

그러나 우리 모두가 다 나서서 여러 방면에서 교정을 철저히 보아야 할 당위성은 충분하다. 귀찮더라도 각자가 맡은 분야에서 교정을 철저히 보아준다면 얼마나 좋을까.

그러기만 한다면 혹 알겠는가. 길을 가다가도 웃을 일이 생길지—.

—≪노령≫ 74호, 1995.

각양각색의 필체

출판에 얽힌 뒷얘기를 해달라는 청탁을 받고 별 망설임 없이 그래보자고 응낙을 했다.

이 업에 종사해 온 지도 그럭저럭 이십육칠 년이 되니 그동안 쌓인 사연이며 에피소드도 많고 할 말도 많아서였다. 그러나 막상 원고지를 앞에 놓으니 그 많았던 할 말이 막혀버리고 만다. 사실 지방은 아직까지도 출판과 인쇄가 미분화된 상태여서 출판에 얽힌 얘기가 결국 인쇄의 뒷얘기가 될 수밖에 없기 때문이다.

넓은 의미로 보면 인쇄나 출판이나 한 과정이어서 따로 나눌 필요가 없기는 하다. 많은 분들이 출판사와 인쇄소를 명확히 구분하지 못하고 있는 현상만 보더라도 그렇지 않은가 싶다. 그러나 출판이라면 저작물을 책으로 꾸며 세상에 내놓는 일이고 인쇄는 문자나 그림, 사진 등을 종이나 기타 물체의 표면에 옮겨 찍어서 여러 벌의 복제물을 만드는 일이다. 따라서 출판사는 인쇄시설이 없어도 회사로서 존립할 수 있지만 인쇄소는 시설이 없어서는 안 된다.

아무튼 출판이라면 원고 청탁이나 집필 교섭부터 시작된다. 그리고 원고 하면 먼저 떠오르는 것이 문인들이다.

전국의 수많은 문인들－. 시, 수필, 소설, 희곡, 평론, 동화, 동시 등 이루 헤아릴 수 없이 많은 이른바 글을 쓰는 문인들의 작품과 대학 교수들의 저서 등이 출판의 주종을 이룬다.

지금은 많은 문인들이 워드프로세서나 노트북 등으로 집필을 하고 있지만 한 5년 전만 해도 거의 육필 원고였다. 육필 원고를 많이 대하다 보니 도내의 문인들 원고는 글씨만 보고도 누구의 작품인지 알아볼 수 있을 정도가 되었다.

필체도 각양각색이고 필기 도구도 만년필, 볼펜, 사인펜, 심지어 붓펜까지도 등장한다. 원고지도 작고, 크고, 길쭉하고, 초록색, 청색, 검정색, 갈색, 적색 등 사람 얼굴만큼 다르다.

'아, 이 원고는 ○○ 시인 것이구나. 그리고 이 작품은 수필가 ○○ 선생이 쓴 것이구나.' 하면 거의 족집게 점쟁이만큼 들어맞는다.

원고지 얘기가 나온 김에 비밀 아닌 비밀을 털어놓아 보자.

아무래도 흘려쓰기로 유명한 분은 유기수 박사님이

아닐까 싶다. 전국을 망라해도 금메달은 떼어 놓은 당상이거니 생각된다.

글자 한 자나 두 자만 따로 떼어 놓고 보면 무슨 글자인지 도무지 알 수가 없다. 암호 해독하듯이 앞뒤를 몇 번 읽어보고 문맥을 찾아 이런 말이겠거니 짚어나가야 겨우 잡힌다. 그래도 애매하면 원고 뭉치를 통째로 뒤적여서 비슷한 글자를 찾아 앞뒤를 연결해보는 퀴즈풀이를 몇 번 되풀이해야 한다. 돌려가면서 퀴즈를 풀다가 누가 알아내면 무슨 대발견이나 한 것처럼 환성이 터지기도 한다.

≪문학 따라 나그네길≫, ≪작은 뻐꾸기≫ 등을 출판하던 때 유박사님은 거의 날마다 우리 출판사로 출근하다시피 하였는데 본인 스스로도 악필을 인정하시기도 했다. 경향신문 신춘문예 입상한 〈인간교량〉이 너무 악필이어서 심사위원들이 읽는 데 애를 먹었고 따라서 당선작 없는 가작으로 입선하게 되었다는 말씀이었다. 심사위원이었던 박화성 선생의 후일담이었다고.

유 박사 다음은 아무래도 김충식 교수가 될 것 같다. 김 교수는 대개 노트에 원고를 써오시는데 깨알 같아서 돋보기를 써야 할 정도다. 방학때면 꼭 유럽쪽으로 한 달간의 여행을 다녀오는 김 교수는 여행지에서 안부 엽서를 보내온다. 그때마다 읽느라 한참씩 걸린다. 노트의 원고도 깨알 같은데 엽서에 쓴 글이야 말해 무엇하겠는가. 엽서를 읽다가 전화를 받고 손님을 만나고 하다보면 한두 시간 걸리기도 한다. 금년 여름방학에도 독일에서 엽서를 보내 왔는데 정감 어린 글귀에 김 교수의 얼굴이 떠오르고 항상 번갈아 들고 다니는 몇 개의 가방과 모자가 눈에 어른거린다.

그래도 난해한 김 교수의 원고를 잘 읽어내는 오퍼레이터가 있어서 김 교수는 자기 글씨를 잘 알아보는 아가씨에게 감탄사를 연발하곤 했다.

글씨 전체가 떨리는, 마치 자동차를 타고 가면서 쓴 것처럼 보이는 글씨는 불문학자 정봉구 교수. 그래도 흘려쓰지는 않아 읽는 데는 아무 불편이 없이 술술 읽힌다.

또박또박 박아 쓴 글씨로는 전북대의 최승범 박사. 단박 표가 난다.

예총 김남곤 회장의 글씨는 활자로 치면 우사체右斜體다. 이 시대에 보기 드문 펜글씨인데 오른쪽으로 비스듬히 누운 글씨는 누가 봐도 한눈에 알아볼 수 있다. 김 회장은 보기와는 달리 꼼꼼하기가 비할 데가 없어서 손수 교정은 물론 활자체, 크기, 위치, 색깔까지 지정해 준다. 따라서 일하기가 편하다. 지시대로만 하면 멋진 내용물이 만들어지기 때문이다.

꼼꼼하기로 둘째 가라면 서운해 할 분이 또 한 분 있다. MBC의 송영상 위원. 편집자가 필요없다. 레이아웃에서부터 시시콜콜한 것까지 전부 틀을 잡아 오니 빈자리를 메워만 가면 된다.

일을 진행하는 동안은 까다로운 시어머니이지만 일단 일이 매듭지어지면 뒷말이 없는 깨끗한 영국 신사. 특이한 글씨로는 이기반 교수도 빼놓을 수 없다. 그의 훤칠한 키처럼 글씨도 굵고 큼직큼직해서 성큼성큼 걸어가는 느낌. 원고지 네모칸 밖으로 벗어나게 써 있지만 흐트러짐 없이 반듯반듯해서 장정들이 일렬로 도열해 있는 것 같기도 하다.

사인펜으로 글을 쓰시는 분으로는 한대석 영호남문학회 회장, 힘차게 내려쓴 글씨는 그의 성격을 말해주는 듯 꼿꼿하다.

깔끔하고, 어디 하나 흠 잡을 데 없기로는 공숙자 선생. 맞춤법, 띄어쓰기,

부호, 어느 하나도 틀림이 없고 글씨마저도 흐트러짐이 없다. 공 선생 원고를 대하면 공연히 조심스러워지곤 한다.

철저하기로는 한국체육대학의 정진권 교수가 으뜸일 것 같다. 네다섯 번 교정지를 보내게 되었는데 그때마다 처음부터 끝까지 한 자 한 자씩 훑어본 흔적이 역력하여 직원들이 혀를 내두를 정도다. 교정을 한두 번 보고 나면 나중엔 싫증이 나게 되고 대개 틀린 곳만 찾아서 고쳐졌는가 확인을 하고 마는데 정 교수는 초지일관 처음부터 끝까지 확인한다. 직원들에게 정 교수의 철저한 정신을 본받아야 된다고 가끔씩 강조하기도 하는데 어느만큼 머리에 새겨 두고 있는지는 모르겠다.

또 한 분, 전북대 이보영 교수. 이 교수님 얘기를 빠뜨릴 수가 없다. ≪수필과비평≫을 비롯 ≪문예연구≫, ≪표현≫, ≪전북문단≫, ≪문맥≫ 등 매호마다 빠짐없이 평론이 실린다. 10매 내외의 수필도 아니고 100여 매가 되는 평론을 매월 2~3편 쓰시는 것을 보면 우선 존경스러움을 금할 수가 없다. 이렇게 많이 쓰셔서 그런지 이 교수님에게는 남다른 습관이 하나 있다. 본인이 교정을 봐야 하는 것이 철칙처럼 굳어져 있는 것이다. 이는 교정을 보면서 오자나 탈자를 잡아내는 것은 물론이려니와 다시 한번 원고를 쓰는 작업을 한다. 앞뒤가 바뀌어지기도 하고 사이 사이에 뭉텅뭉텅 새로 써 넣기도 한다. 이 작업이 두 번 계속되고 마지막 3차 교정에서 OK가 떨어진다.

지금이야 컴퓨터로 작업을 하니 별 문제가 없지만 옛날이야 어디 쉬운 일인가.

에피소드 한 토막―. 그때는 청타시절이었으니까 한번 타자를 쳐놓고 교정에서 틀린 글자만 수정액으로 지우고 그 위에 다시 글자를 치거나 다른 종이에 붙이곤 하던 때였다. 고급인쇄는 사진 식자기로 조판을 하고, 사진식자도 잘라 붙이기는 매일반이었다.

이런 판국인데 이보영 교수님 원고는 교정을 봐오는 것이 아니라 온통 고쳐지고 삽입하고 빼내고 앞뒤를 바꿔야 하니 손을 쓸 수가 없었다. 완전히 새로 타자를 칠 수밖에 없었는데 그것도 두 번을 다시 쳐야 하니 담당 아가씨는 죽을 맛이었던 것 같았다.

나중에야 안 일이지만, 하루는 이 교수님이 교정을 보러 오셨는데 아가씨들이 좀 보자고 3층 청타실로 모셔다 놓고 단단히 따졌다고 한다.

"교수님이고 박사님이 인쇄 과정도 몰라서 이렇게 고쳐 오느냐."라고 대들었고 "앞으로도 이렇게 많이 고치시면 교수님 일은 못하겠다."라고 엄포를 놓았다고 한다. 이 사실을 한 열흘 후에 듣고 송구스러워 몸둘 바를 몰랐다.

그 후 청타실 아가씨들에게 '앞으로는 여러 말 말고 두 번이고 세 번이고 다시 타자를 쳐라. 이 교수님 글은 무조건 VIP대우를 하라고 신신당부를 한 일도 있다.

이 교수님 글을 대하게 된 지도 어느덧 십오륙 년이 흘렀는데 2번, 3번 고치는 것은 습관으로 굳어졌는지 지금껏 변함이 없고 우리 회사에서는 여전히 VIP대우이다.

쓰다보니 공연히 글씨를 가지고 이러쿵저러쿵 한 것 같다. 누구를 헐뜯자거나 시비를 하려는 마음에서 쓴 것이 아님을 이해해 주시고 행여 마음 상한 부분이 있었다면 용서해 주시기를 바란다.

—≪노령≫ 79호, 1996.

살아 움직이는 활자

활자가 살아 움직인다고 하면 누가 믿어주기나 할까? 아마 모르긴 해도 그런 말도 안 되는 소리는 하지도 말라고 일언지하에 부정하고 말 것이다. 그러나 책을 한 권이라도 펴내 본 사람들은 고개를 끄덕일 것이다.

"활자? 문자 그대로 살아있는 것이 활자여."

"그거, 귀신 붙었어. 본다고 잘 봤는데 나중에 보니 엉뚱한 글자가 앉아있더라고……."

흔히 듣는 얘기다. 아니 나는 날마다 듣는다. 하루의 일이 이 활자와 더불어 숨바꼭질하는 것으로 시작돼서 숨바꼭질로 끝이 난다. 숨기 좋아하는 활자를 그대로 놔두면 좋으련만 기를 쓰고 찾아내야만 하는 숨바꼭질. 숨바꼭질이란 것도 어쩌다 재미로 하면 시간 가는 줄 모르는, 재미있는 놀이이지만 이걸 밥벌이로 해야 하니 지겨운 일이 되고 만다. 그나마 번번히 술래가 되어 찾아나서기만 하고 한 번도 숨어보는 재미는 가져볼 수 없는 일방적인 숨바꼭질. '다 찾았다.' 하고 돌아서면 뒤통수를 치며 나타나는 놈이 있으니 곤혹스럽기까지 하다.

언제였던가, 기억도 까마득하다. 어느 연구원의 일이었는데 하드커버에 금박인쇄를 했었다. 납품 후 두어 달이 지나 잊어버리고 있었는데 전화가 왔다. 표지 글자가 잘못 인쇄되었다는 것이다. 달려가 보니 연구원研究院이 구연원究研院으로 글자 한 자가 바뀌어 찍혀져 있었다. 책은 이미 배부해 버렸기 때문에 이런 일도 있다며 웃고 말았지만 참 귀신이 곡할 노릇이었다. 회사에서도 몇 번 교정을 보았고, 발주처에서도 몇 분이 훑어보고 이상이 없으니 인쇄하라고 OK가 되었었다. 납품 시에도 별 탈이 없어 넘어 갔었다. 그리고 200여 부가 배부되었으니 아무리 못 보아도 수십명이 책을 보았을 텐데 두어 달이나 발견되지 않고 지나간 것이다. 그런데 선생님 한 분이 대뜸 발견했다고 한다. 활자가 살아서 움직이거나 아니면 귀신이 붙어서 눈을 가리지 않고는 이럴 수가 없는 것이다.

전북대 H교수님은 평소 오자誤字나 탈자脫字에 민감한 분으로 본인의 박사학위 논문은 한 군데도 틀리지 않은 완벽한 논문을 만들겠다고 몇 번 다짐을 했다. 나도 교정을 몇 번이든 보시는 대로 고쳐드리겠다고 약속을 했다.

1970년대 말이었으니 활판으로 인쇄하던 시절이었는데, 하여간 교정을 여남은 번 보았다. 회사 자체에서 교정을 세 번 보았고 H교수가 직접 네 번인가 다섯 번, 대학원생들이 몇 번, 이렇게 여남은 번 교정을 본 후에 인쇄를 마쳤다. H교수님은 '내 논문에는 한 자의 오자나 탈자가 없다.' 고 장담을 했고 나도 흠없는 책을 내게 되어 덩달아 기분이 좋았다.

그러나, 그러나 말이다. 뒤에 H교수를 만났더니 그래도 틀린 곳이 한 군데

나왔다고 껄껄 웃으셨다.

참 알 수 없는 일이다. 그렇게나 눈에 불을 켜고 훑어봤는데 활자란 놈이 어디에 숨어서 보이지 않았을까. 그것도 대여섯 사람이 뒤졌는데 말이다. '하긴 교과서도 틀린 곳이 나오니까—.' 하고 자위를 하면서도 불가사의에는 의문이 풀리지 않는다.

책 한 권에 오자 한두 자 나오는 정도는 그럭저럭 넘어가는데 띄어쓰기 맞춤법에 이르면 스트레스깨나 받는다.

1980년대 초반, 이때는 공타에서 청타시대로 넘어오는 시기였다. 이 무렵 P선생의 석사논문을 인쇄하게 되었는데 청타로 조판을 했다. P선생은 자신이 국어 전공이 아니었기 때문에 시내 고등학교 국어선생님 세 분에게 교정을 의뢰했는데 A선생은 붙여 놓으라 하고, B선생은 띄어야 한다고 하고, C선생은 그냥 두라고 하고—. 어느 장단에 춤을 춰야 할지를 몰랐다.

요즘 같으면 조판을 컴퓨터로 하기 때문에 문장을 붙이고 띄고 하는 정도야 일이랄 것도 없지만 그때는 리본을 걸고 글자 한 자씩 타자기로 치는 때였으니 말해 무엇하랴. 하얀 수정액으로 잘못된 곳을 지우고 그 위에 다시 타자를 해서 고쳐놓으면 또다시 고치라 하니 어떻게 되겠는가. 한 번 수정한 곳은 다시 수정할 수가 없다. 수정액을 한꺼풀 더 입히면 글자가 뭉개져 나오기 때문에 다른 종이에 쳐서 붙이는 수밖에 없었다. 한 번 더 고치게 되면 이제는 아예 다시 쳐야 된다. 세 선생님이 한 자리에서 교정을 봐 주었으면 이런 일이 없었을 텐데 철저히 교정을 보기 위해 하루씩 걸러 따로따로 일정을 잡은 것이다. 교정을 철저히 보는 것까지는 좋지만 띄어쓰기를 각양각색으로 지시

하니……. 나중에는 한 가지로 의견통일을 해서 가져오라고 할 수 밖에 없었는데 그래도 확실히 결론을 못 낸 부분도 있어서 어물쩍 넘기고 말았다.

새삼 맞춤법 띄어쓰기의 어려움을 깨닫는 계기가 되어 문법 공부를 좀 하기는 했어도 헷갈리기는 지금도 마찬가지다.

-≪노령≫ 80호, 1996.

앵두

화단에 심어놓은 앵두가 하루가 다르게 토실토실 살이 올랐다. 어느 날 보니 볼을 발그레 붉히고 있다. '이번 주말에 애들이 와야겠는데…. 아니지, 이번 주는 쉬는 토요일이 아니니 못 올 것이고, 다음 주에나 올 것 같은데…. 그러면 앵두가 너무 익을 텐데 어쩌지? 미리 좀 따서 냉장고에 넣어 둘까? 아니야. 앵두는 따 먹는 맛이지, 그게 재미있고 추억에 남게 되지.'

빨갛고 반질반질 윤기 나는 앵두는 보기만 해도 군침이 돈다. 손주들이 모두 와서 앵두나무 밑에 모여 서로 많이 따먹겠다고 야단법석, 시끌시끌할 광경을 상상만 해도 흐뭇한 미소가 절로 나온다. 손주들 생각을 하다 보니 옛 추억 속으로 잠겨든다.

어렸을 때는 어지간히 짓궂게 놀았지. 외갓집이 한동네에 있어서 무시로 들랑거렸는데 뒤란에는 단감나무, 배나무, 수수감나무가 있었고 울타리 뒤는 대밭이었지. 사랑채 옆에는 앵두나무 두 그루, 살구나무 한 그루가 서 있고 헛간 옆에는 능소화가 흐드러져 지붕까지 덮었었지. 마당 옆 넓은 텃밭에는 온갖 채소가 그득했었지.

외할아버지께서 어찌나 엄하셨던지 큰외삼촌, 작은외삼촌 누구 하나 집 안에서 큰소리로 얘기하는 것을 보지 못했다. 외할아버지가 계시면 차렷 자세로 앉았다가 좀이 쑤셔 들락거리면 외삼촌들이 눈을 부라리며 조용히 앉아 있으라고 눈짓을 했다. 그래도 나는 이방 저방으로 왔다갔다 펄렁거리고 다녔다.

시골에는 낮에 논밭에 나가 일하느라 집에 남아 있는 어른들이 거의 없었지. 이때가 바로 우리들 세상, 여남은 명이 떼로 몰려다니면서 먹을거리랑 놀이를 찾아 이집 저집 순방을 했지. 우리 집에 있는 단감나무는 맛이 들기도 전에 동나고, 다음에는 종삼이네, 춘식이네, 점례네 아래뜸 이철이네 집까지 온 동네를 휩쓸고 다녔지. 그러나 외갓집만은 들어가지 못했지. 외할아버지께서 계신가 하고 들어가서 안 계시면 앵두나무를 몇 가지 꺾어가지고 부리나케 나와서 뒷산으로 우루루 달려가서 나눠 먹었지.

앵두는 새큼하고 단맛이 은근히 나는데 조선 초기 학자 성현이 쓴 ≪용재총화≫에 의하면 세종이 앵두를 좋아했는데 효심이 지극했던 문종이 세자 시절 경복궁 울타리에 손수 앵두를 심었고 이를 따다가 세종에게 바쳤

다. 세종이 맛을 보고는 "다른 곳에서 보낸 앵두가 아무리 맛이 있다 하여도 어찌 세자가 손수 심은 앵두와 같을 수 있겠느냐."라며 무척 흐뭇해했다고 한다.

조선시대에는 앵두를 왕실 제사에 제물로 사용했다. 앵두가 그만큼 귀한 대접을 받은 것이다. ≪조선왕조실록≫에 따르면 태종이 말하기를 "종묘에 앵도櫻桃를 제물로 바치는데 만약 초하루 제사에 미처 익지 못한다면 보름제사를 기다려서 겸행하게 되어 있으니 이제부터는 앵도가 잘 익는 날을 따라 제물로 바치게 하라."라고 했다. 한방에서도 귀한 약재로 사용되었는데 ≪동의보감≫에 의하면 '심장과 배꼽의 사이에 위치하여 음식의 소화작용을 맡는 중초中焦를 고르게 하고 비장脾臟의 기운을 도와주며 얼굴을 고와지게 하고 체하여 설사하는 것을 멎게 한다고 한다. 또한 혈액순환을 촉진하고 수분대사를 활발하게 하여 부종浮腫 치료에 쓰였으며 폐 기능을 좋게 하여 가래를 없애는 데도 사용하였다고 한다.

어렸을 때 외갓집이며 동네를 휘젓고 다니며 말썽도 피우면서 마음껏 뛰놀았다. 그러면서 꿈도 키우고 어른들 어려운 줄도 알았고 예절도 익혔다. 요즘 애들은 도심 속에서는 자연을 접할 수 없고 같이 뛰어 놀 수 있는 공간이 없다. 시간도 없다. 학교 갔다 오면 학원을 몇 곳 다녀와야 한다. 공부도 좋지만 집에 돌아오면 대개 밤중이 된다. 어느 사이에 뛰어놀고 추억을 만들고 정서를 함양하고 인성을 바르게 기르겠는가.

아이들에게 자연을 접할 수 있는 공간을 마련하겠다고 아내와 함께 감나무며 앵두나무, 무화과, 대추나무, 석류 등을 심었다. 아내는 화분에 야생화를 골고루 심어 집 주위에 300여 종의 야생화와 나무가 있다. 그러나 아내가 떠난 뒤로 돌보지 않아 많이 훼손되고 없어져서 안타까운 마음을 어쩌지 못하고 있다.

학교에 가지 않는 주말엔 친손·외손주들이 와서 앵두도 따고, 감도 먹고, 무화과도 같이 보며 즐겁게 보낸다. 나중에 아이들이 자라서 붉은 앵두를 보면 할아버지가 생각날까. 앵두나무 아래서 저희들을 생각했던 마음은 몰라줘도 다정하고 따뜻한 할아버지로 기억했으면 좋겠다.

-≪모악에세이≫9호, 2010.

능소화

애먹이는 한자

알은체했다가 얼굴 뜨거워진 한자에 얽힌 에피소드 한 토막.

요즘도 각 기관에서는 '업무보고' 란 것을 만들어 상급기관장이나 지방의원들이 방문했을 때 이 '업무보고' 란 것을 내놓고 브리핑을 한다. 예나 지금이나 이 '업무보고' 는 한자투성이다. 조금 과장하면 토씨만 빼놓고 거의 한자일 정도다.

1980년대 초반이었으니 아마도 15~6년 전의 일이었던 것 같다. 이 '업무보고' 는 기관장들이 심혈을 기울이는 일이어서 인쇄할 때도 덩달아 신경을 쓰지 않을 수 없는 일이 되어 있었다.

교정을 맡겨놓을 수 없어 직접 훑어보고 있는데 원고에 '애착심愛著心 고취鼓吹' 란 대목이 눈에 띄었다. 아마도 '著' 자는 '着' 자를 잘못 알고 쓴 것이려니 하고 물어볼 것도 없이 '愛着心' 이라고 고쳐서 넘겼다.

그런데 발주한 기관에서 교정을 보아온 교정지에는 '着' 자가 '著' 자로 빨간 볼펜으로 표시되어 왔다. 다른 곳은 틀린 데가 거의 없어서 유독 '著' 자만 눈

에 들어왔다.

그러나 나는 '애착심' 이라면 '愛着心' 이 맞으니까 하고는 고치지 않은 상태로 OK교정을 봐주도록 조판된 대지를 다시 보냈다. 돌아온 교정지에 이번에는 빨간 사인펜으로 큼직하게 '著' 자로 표시되어 왔다.

'아니 이럴수가? 내가 뭘 잘못 알고 있었나?' 하며 국어사전을 펴봤다. 분명히 '愛着心' 으로 되어있다. 다른 사전을 보아도 마찬가지였다. 다만 한 사전에 '愛着心' 과 '愛著心' 을 같이 쓰는 것으로 나와 있었다. '著' 자를 같이 쓸 수 있다고 해도 '애착심' 에서는 이 '著' 자가 영 낯설어서 전화를 걸어 '着' 자를 쓰는 것이 맞지 않겠느냐고 물어 보았다. '着' 자는 속俗자이니 '著' 자로 고치라' 는 근엄한 대답이었다.

그래도 나는 쉽게 수긍이 가지 않아 부랴부랴 옥편을 찾았다. 몇 가지의 포켓용 옥편으로는 명확히 구분되지 않았다. 이번엔 대한한사전을 펼쳐놓고 용례를 찾아 보았다.

이 용례는 '著' 자의 앞부분에 저술, 저자, 저명 저서 등에는 물론 '저' 로 나와 있고 뒷부분에는 착공, 착수, 착수금, 착안, 착용 등 '착' 으로 쓰일 뿐만 아니라 '애착심' 도 '着' 이 아니라 '著' 으로 나와 있다.

어설프게 한자 몇 자 안다고 설쳤던 것이 얼마나 부끄러운지 얼굴이 화끈거려 고개를 들지 못한 채 며칠을 속으로 끙끙 앓았다. 누구에게도 말하기가 부끄러운 이 '箸' 자는 내게 겸손을 뼈에 사무치도록 가르쳐 주었다.

세월이 많이 흘러 부끄러움을 고백할 수 있게 되었지만 지금도 설쳤던 그때 일을 생각하면 얼굴이 뜨거워진다.

이야기가 나온 김에 애를 먹인 한자 이야기 하나 더 해 보자.

'台灣.' 누구나 대만이라고 읽을 것이다. 더러는 타이완이라고 읽을 사람도 있겠지만, 태만이라고 읽을 사람은 없으리라 생각한다.

차 한 台. 이것도 차 한 대라고 읽는다. 德裕台. 무주에 있는 덕유대다. 문제의 발단은 '台' 자에 있었다. 1970 몇 년도인가는 기억이 확실치 않으나 하여간 무주 덕유대에서 잼버리 대회가 있었고 '덕유대의 밤' 이라는 팸플릿을 만들었다.

표지 원고가 듬직하게 '德裕台의 밤' 이라 되어 있었다. 그때는 지금처럼 컴퓨터로 일을 처리하는 때가 아니고 옵셋 인쇄는 조판을 사진식자로 했을 때였다. 따라서 식자를 하는 데 시간이 많이 걸렸다.

그때는 우리 회사에 사진 식자기가 없을 때여서 외부에서 식자를 해왔다. 회사에서 교정을 몇 번 보고 맡긴 담당부서에서도 돌려 가면서 교정을 보아 OK가 되어 납품을 했다.

납품을 하고 서너 시간이 지났다. 그 일은 잊어버리고 있는데 느닷없이 전화로 불호령을 했다. 이 따위로 무식하게 인쇄를 해와서 사람 병신 만드느냐는 것이었다.

당장 다시 인쇄해 오라고 호통 호통이었다. 무엇이 잘못되었는지도 모르고 어리둥절한 상태로 직원을 보냈더니 '台' 자가 잘못되었다는 것이다.

'台' 자가 도대체 어쨌단 말인가. 참 답답한 노릇이다. 원고도 그렇게 써왔고 교정도 그렇게 봐 주어 놓고 이제는 '台' 자를 잘못 인쇄했다고 호통이니 사람 참 환장할 노릇 아닌가.

무엇을 잘못했는지도 모른 상태에서 들을 소리 못 들을 소리 다 듣고 어리둥절했는데 알고보니 우리 잘못이 전연 없었다. 울화가 치밀어 참을 수가 없었다. 업자는 인격도 자존심도 없는 만만한 화풀이 대상이란 말인가. 본인이 OK 해 놓고 이제 와서 책임을 우리에게 넘기고 큰소리라니－.

어처구니가 없었다. 입 속으로 있는 욕, 없는 욕 다 구시렁이면서 울분을 삭이고 있는데 전화가 왔다. 언제 납품하겠냐는 것이다. 우리는 납품을 했으니 납품할 것이 없다고 전화를 끊고 말았다. 당사자가 아닌데 불쾌하게 전화를 끊어서 미안하기는 했다.

이어서 계장에게도 전화가 오고 과장까지도 사정을 했다. 미안하게 되었으니 행사에 차질이 없게 해달라는 것이었다. 상황을 들어보니 문제의 팸플릿은 담당자를 통해 계장, 과장을 거칠 때까지는 잘되었다고 칭찬을 들었는데 더 높은 분한테 가서는 형편없이 질책을 당한 모양이었다. "이게 어째서 덕유대냐? '대' 자와 '태' 자도 모르는 무식한 사람 아니냐."라고 사정없이 호통을 들었다고 한다.

다른 분이라면 '台' 자 가지고 문제 삼아서 이렇게 질책하지는 않았을 텐데 이분 성함에 문제의 '台' 자가 들어 있었으니 이걸 깨닫지 못한 담당자나 나도 좀 머리가 둔했던 것 같다. 교정을 보면서 조금 걸리기는 했다. 약자나 간자를 쓰면 안 되는 것이 관례여서 좀 망설였다. 정자 '臺' 자로 고칠까 하다가 외부에서 식자를 해 왔기 때문에 한 자라도 다시 고치려면 번거롭고 시간이 많이 걸리기 때문에 원고를 그렇게 써왔으니 별 문제 있으랴 하고 그냥 넘겨 버린 것이다.

높은 분 성함에 이 '台' 자가 있다는 사실에 생각이 미쳤다면 번거롭더라도 고쳤을 텐데 거기까지는 생각을 못했던 것이다. 아무튼 그 못 들을 소리를 듣고도 업자란 멍에 때문에 하는 수 없이 '台' 자를 '臺' 자로 고쳐서 납품을 했지만 그때 그 인격을 무시한 무지막지한 막된 소리는 지금도 아물지 않은 상처로 남아 있다. 어쨌든 이 한자는 가끔씩, 아니 번번히 애를 먹이는 애물단지여서 정신을 바짝 차리지 않으면 언제 뒤통수를 칠지 모른다.

—≪노령≫ 81호, 1997.

푸념

"지방에서는 안 돼! 서울로 보내라구."

인쇄·출판을 해오면서 가장 안타까울 때가 바로 이 말을 들었을 때이다. 이 말은 1970년, 그러니까 인쇄업을 시작하면서부터 듣기 시작해서 지금까지도 듣고 있다. 참으로 안타까운 일이 아닐 수 없다. 실로 30년 가까이 이 말을 들어오면서 업자로서 많은 반성도 하지만 그때마다 목구멍까지 치밀어 오르는 울분은 삭일 길이 없다.

못한다고 구박만 하고 기회는 주지 않은 채 내동댕이쳐 버리면 영영 낙오될 수밖에 없는 것 아닌가. 지금까지도 지방의 현실은 별로 나아지지 않고 있다. 그러고도 내 지방, 내 고장이 낙후되었다느니, 푸대접한다느니 목소리를 높인다. 말로만 떠드는 목소리 큰 얼굴들을 바라보면 한심하다 못해 한숨부터 나온다.

그들에게 묻고 싶은 말이 있다. 그렇다면 서울은 처음부터 모든 것이 다 갖추어져 저절로 잘할 수 있었는가 말이다. 일을 계속해서 맡게 되니 자연히 시설도 갖추게 되고 인력도 늘어나게 되고 노하우도 생긴 것 아닌가. 못한다고 처음부터 외국으로만 발주했다면 저절로 서울 업체들이 잘할 수 있었을 것인가. 현재도 서울 업체라고 해서 다 잘하는 것은 아니지 않은가.

문제는 지방을 이끌어가는 지도층 인사들의 의식이 바뀌지 않는 한 지방낙후, 푸대접은 백년하청으로 계속될 수밖에 없어 보인다.

간단히 몇 가지 예를 들어보자.

선거 때만 되면 만나는 사람마다 인사의 첫 마디가 "선거 때라 지금 한창 바쁘지?" 아니면 "이번엔 한몫 잡았지?" 등이다. 선거 홍보물 때문에 돈 좀 벌지 않았느냐는 말인데 한마디로 천만에 말씀이다.

대통령 선거 때는 유세장마다 유인물로 운동장이 허옇게 뒤덮여도 단 한 장의 인쇄물도 지방에 맡기는 일은 없었다.

그러면 지역을 대표하는 국회의원 선거 때는 어떤가. 입후보자들은 한결같이 지역과 선거구민을 위해 무슨 일이든지 앞장서겠다고 별별 공약을 하면서 사자후를 토한다. 이분들 중 몇 분이나 홍보물 인쇄를 그 지역 업체에 맡겼는지－. 따져보면 한심스럽다.

도지사 · 시장 · 군수 등 지방자치단체장을 뽑는 선거 때 과연 어느 분이 진정 내 고장을 생각하고 지역경제를 살리겠다는 조그마한 의지라도 있었는지, 입으로는 지역 살림을 곧 일으켜 세울 것처럼 무슨 무슨 사업을 하겠다고 거창하게 공약을 들먹이고 행동으로는 의뭉스럽게 호박씨를 깠는지 유권자들은 눈을 크게 떠보아야 할 것이다.

선거 홍보물을 지역 업체에 맡기지 않았다 해서 무조건 매도 할 수는 없는 일이다. 그러나 적어도 그가 지역을 사랑하고 선거구민을 위하겠다는 말은 입에 바른 사탕발림이거나 지역업체를 업신여겼다는 비난은 면할 수 없을 것이다.

몇 년 만에 있는 선거야 그때 뿐이지만 지도층 인사들이 문제다.

한마디로 '얼굴 광내기' 로 인해 지역 인쇄업체들은 허탈에 빠질때가 많다.

어느 단체거나 기업이거나 좀 크다 싶은 곳은 홍보물을 으레 서울로 발주한다. 지방에서는 안 된다는 것이다. 단체장들 얼굴인데 지방에서 만들어가지고 어디다 내놓겠냐는 생각이 밑바닥에 깔려 있는 것이다.

이런 일도 있었다. 지난해 얘기다. 어느 기관에서 책을 컬러로 고급스럽게 만든다는 얘기를 듣고 그 일을 우리에게 맡겨달라고 했더니 일언지하에 지방업체에선 안 된다는 것이다. 컬러 인쇄물 샘플을 들고 가서 이만하면 되지 않겠느냐, 시설을 다 갖추고 있으니 한번 와서 보고 그 뒤에 된다든지 안 된다든지 판단을 해달라고 떼를 썼다.

인쇄는 기계가 찍는 것이니 이만하면 될 것 같다. 그러나 기획 · 편집은 안 된다. 지방에서 하면 세련되지 않아 촌티가 난다. 인쇄는 너희에게 맡길 테니 기획 · 편집은 서울에서 해오라는 것이었다.

그만한 실력을 갖춘 인력이 있으니 한번 맡겨봐 달라고 통사정을 했으나 그 부분은 절대 안 된다는 것이었다. 정 그렇게 나오면 인쇄를 서울에다 맡기겠다고 으름장을 놓는 바람에 할 수 없이 기획 · 편집은 서울업자에게 의뢰하겠다는 약속을 하고 원고를 받아 왔다. 그러나 기획 · 편집을 서울에다 맡기는 것이 너무 속상해서 우선 우리 힘으로 해보고 퇴짜를 맞으면 그때 서울로 의뢰해도 늦지 않다고 판단, 자체 기획 · 편집팀을 풀가동 일주일여를 밤낮 가리지 않고 작업을 해서 발주처로 가져다 주었다.

'서울에서 편집 · 기획을 해왔다.' 고 말했더니 '역시 서울에서 해오니 뭔가 다르다. 잘 되었다.' 는 반응이었다.

일을 진행해 가는 과정에 발주처의 실무자들이 오가며 내용도 고치고 사진도 바꾸고 하면서 자연스럽게 서울에다 편집을 의뢰하지 않고 자체에서 했다는 것이 알려지게 되었다. 그러나 책이 완성되어 납품을 한 후 여러 곳에 배포되어 잘되었다는 찬사를 듣고 특히 언론에 크게 소개된 뒤에야 기획 · 편집을 자체에서 했다는 사실이 높은 분에게 보고되었다. 섣불리 지방에서 기획 · 편집을 했다고 보고했다가 무슨 소리를 들을지 몰라 늦게서야 그것도 지나가

는 말처럼 사실을 알린 것이다. 이것이 오늘날 지방 인쇄 · 출판업계의 현실이다.

이번 기회에 한 가지 꼭 짚어 보고 싶은 것이 있다. 유종근 지사는 우리 전북도의 행정을 책임지고 있는 최고 책임자이다. 경제학 박사이고 교수이기도 했다. 그는 도정을 맡고 있으면서도 바쁜 틈틈이 특강을 하고 글을 써서 ≪아내에게 들려주는 경제이야기≫란 책을 펴냈다. 경제를 알기 쉽게 풀어 쓴 것이다. 도민의 한 사람으로 축하를 드리지 않을 수 없다. CD제작도 함께—.

그러나 한편으론 실망을 금할 수가 없다. 누구보다도 경제를 잘 아는 그가 출판은 서울에서 했다. 이는 무엇을 의미하는가. 인세印稅는 유 지사 개인에

게 돌아올는지 몰라도 출판에 따르는 부가가치는 서울업자에게 넘겨준 것이다. 전라북도에서는 그 책을 출판할 만한 출판사가 하나도 없었는가 한번 묻고 싶다. 책 광고를 보노라면 입 안이 떨떠름해진다.

그건 그렇고 –, 출판을 처음 시작했을 무렵의 얘기 하나. 시집을 처음 출판할 때의 에피소드인데, H 선생은 평소 잘 알고 지낸 시인이다. 이분이 시집을 내겠다고 원고를 들고 오셨다. 오셔서 처음 하시는 말씀이 그동안 낸 시집을 좀 보자는 것이었다. 그러나 그때는 시집을 한 권도 출판한 일이 없어서 내놓지 못하고 다른 인쇄물만 수십 권 들춰보였다. H시인은 실적도 없는 출판사에서 책을 낼 수 없다고 생각하셨는지 책보에 싼 원고 뭉치를 들고 일어서서 나가셨다.

자존심이 구겨질 대로 구겨진 나는 멍하니 한참 서 있다가 부리나케 뛰어나가 H선생을 붙잡고 다방으로 갔다. 자리에 앉자마자 원고 뭉치를 빼앗다시피 들고 무조건 한번 맡겨 달라, 시집을 다 만들어 놓을 테니 그때 마음에 들지 않으면 다른 말은 필요없이 그저 원고만 달라고 하시면, 두말 없이 원고를 내드리겠다, 그때 다른 곳에 가서 출판을 해도 되지 않겠느냐고 억지를 부렸다. 이렇게 해서 처음 시집을 출판하게 되었는데 다행히 H시인 마음에 들어 원고를 돌려달라는 얘기는 없었다.

어려움은 이뿐만이 아니다. 일부이긴 하지만 대학 교수님들마저 지방출판사에서 책을 내면 권위가 떨어지는 것으로 생각하고 있다. 서울에서 책을 내면 대수롭지 않은 내용도 거창한 저술인 것처럼 목에다 힘을 준다. 특히 내용보다는 서울 출판사에서 내 책을 출판해 줬다는 것을 강조하는 것을 보노라면 한심하다 못해 측은한 생각마저 든다.

서울에서 활동하는 교수 몇 분과 문인들의 글을 출판한 일이 있는데, 섭외를 시작하기 전에는 이분들이 지방 출판사에서 책을 내겠다고 승낙해 줄까 걱정이 앞섰다. 그러나 뜻밖에도 지방 문제는 거론조차 하지 않았다. 서울 사람들은 어느 지방에서 책을 내건 문제가 아니었다. 다만 책을 잘 낼 수 있느냐, 공급은 원활히 되느냐, 인세는 어떻게 할 것이냐가 문제였을 뿐이었다. 그런데 내 고장에서는 지방이라는 것이 맨 먼저 커다란 걸림돌로 앞을 가로막는다.

대학교의 홍보물도 예외는 아니다. 대부분의 대학들이 대외 홍보용 브로슈어 등은 서울에 제작을 의뢰하는 것이 관행처럼 되풀이되고 있는 실정이다.

경쟁사회에서 누구를 탓할 일은 아니다. 업자들이 경쟁력을 갖추지 못해 그런 것이라고 하면 그만이니 말이다. 그러나 경쟁력만 탓하기에는 뭔가 아쉬움이 남는다.

지방업자라고 특혜를 달라는 것이 아니다. 적어도 기회는 똑같이 주어야 할 것 아니냐는 항변이다. 지방은 안 된다고 처음부터 제외시키는 일이 없었으면 하는 것이 간절한 바람이다. 그런 연후에 내 고장을 위한다거나 애향이라거나 해야 순서가 아닐까 싶다.

두어 달 전에 동계U대회 공식보고서 입찰이 있었다. 4개국어로 인쇄되어야 할 이 보고서 입찰에 서울의 쟁쟁한 업자들이 참가했다. 삼화인쇄를 비롯 금강기획, 코리아 헤럴드, 한국컴퓨터 등 이름만 들어도 지방업자들은 주눅이 드는 대기업들 틈에 전북의 한 업체도 끼었다면, 그것도 조달청 입찰참가 등

록업체로서 당당히 겨뤘다면 믿어주기나 할는지 모르겠다.

내 고장 발전, 애향은 거창한 구호로써 이루어지는 것이 아니다. 작은 일 하나라도 애정을 가지고 행동으로 실천해 나갈 때 진정한 애향이 되고 이를 바탕으로 내 고장이 발전해 나갈 것이다.

－≪노령≫ 83호, 1997.

완판본과 전주

출판에 얽힌 얘기라면 아무래도 완판본을 빼놓을 수 없을 것 같다. 특히 전주에서 출판사를 경영하고 있는 사람의 입장에서는 말이다.

완판본完板本. 그렇다. 완판본이야말로 전주의 자랑이고 전주인의 자존심이라 아니할 수 없다. 그런데도 시민들 대다수가 완판본이 무엇인지 잘 모르고 사회 지도층 인사들도 예향이란 말은 술술 나오는데 완판본 운운하면 멀뚱한 표정이 된다. 신문 광고에 '완판본의 고장' 이란 구절을 넣었는데 인쇄되어 나온 것은 '원판본의 고장' 이라고 되어 나오는 실정이니 더 말해 무엇하랴.

완판본은 고등학교 교과 과정에도 나온다. 우리 모두가 고전문학 시간에 배웠던 것이다.

완판본: 조선 말기 주로 광무光武, 융희隆熙 연간에 전주全州에서 간행된 고대 국문소설의 목판본의 총칭. 전라도 방언으로 판각板刻되어 있고 문체도 경판본京板本과 달리 향토색이 농후함.

국어사전(동화사 · 새국어사전)의 풀이를 그대로 옮겨 본 것이다. 말하자면 전주는 강력한 왕권의 중앙집권시대에 서울에 버금가는 출판의 본고장이었던 것이다.

조선시대는 책이 주로 필사를 통해 전파되었으나 차츰 독자층이 형성되어 수요가 많아지게 되자 자연히 목판으로 책을 인쇄하기에 이르렀다.

원광대 박순호 교수와 우석대 김해정 교수에 따르면 우리 전북 지방은 닥나무의 주산지이기 때문에 전주 한지가 유명했고 지리산에서 목판의 재료인 판재를 구하기가 매우 용이해서 수 많은 방각본이 나왔다고 한다.

특히 방각본이 최초로 간행되기는 13세기경 칠보를 중심으로 한 태인에서였다고 한다. 태인지방에서 우리나라 최초의 방각본이 간행된 이유는 호남지방의 경제적인 여유 때문이라고 연구자들은 보고 있다. 호남 평야의 농토를 많이 가진 부농들은 머슴을 두고 일을 했기 때문에 책을 읽을 만한 시간이 있었다. 그래서 이 지역에서 책이 많이 팔렸다는 것이다.

이후 태인 간본의 영향을 받아 18세기 이후부터 1930년대까지 전주에서 찍게 된 완판본은 무려 141종이나 되고 권수로 헤아려 천여 권에 이른다고 한다.

소설류와 비소설류로 나누면 소설류는 ≪열녀춘향수절가≫, ≪심청전≫, ≪홍길동전≫, ≪유충열전≫, ≪조웅전≫ 등 20여 종이고, 비소설류는 ≪전운옥편≫, ≪통감≫, ≪사서≫, ≪삼경≫ 등 120여 종이 되었다 한다.

그 당시의 출판사로는 서계서포(탁종길), 다가서포(양진태), 양책방(양승곤), 완흥사(박경보), 문명서관(양완득) 등이 있었다.

참으로 안타까운 일은 이와 같이 우리 조상들의 얼이 담긴 완판본과 태인본이 거의 타지방으로 유출되어 우리 지방에는 남아있지 않다는 사실이다.

그뿐만 아니라 전주가 출판의 본고장이었다는 사실마저 잊히고 있다는 사실에 대해서는 한탄스럽기도 하고 분노마저 느낀다.

청주에는 이미 고인쇄박물관이 개관되었다. 현존하는 세계 최고最古 금속활자본인 '직지심체요절' 을 제작한 흥덕사지 터에 위치한 청주 고인쇄박물관은 그 지역에서 간행된 고서, 목판, 활자까지 수집 · 정리하여 전시하고 있다. 금년 11월부터는 증축을 하고 있으며 국립박물관으로 승격을 요청하고 있다.

좁은 소견이지만 우리 전주 · 전북도 이젠 좀 의젓해져야 되지않을까 하는 생각이다. 좀 차분히 하나하나씩 챙겨나갔으면 싶다.

그저 가만히 앉아서 예향이니 뭐니 목소리만 높여서 뭐가 되는 것도 아니고 푸대접만 외친다고 무슨 일이 이루어지는 것도 아니기 때문이다. 내가 해야 할 일을 누가 대신해 주겠는가. 우리 일은 결국 우리 몫이다.

때늦은 감은 있으나 출판의 본고장이라는 긍지와 자부심을 살리기 위해서는 고서와 판각들을 한데 모으는 작업부터 서둘러야 될 것이다. 그리고 현존하는 출판사들도 완판본의 고장이라는 자부심과 사명감을 가지고 한층 더 분발과 노력을 기울여야 되리라 본다.

-≪노령≫ 84호, 1997.

'프린트'를 아십니까?

참 많이 변했다. 불과 30여 년 사이에 인쇄 환경이 참으로 많이 변한 것 같다. 어떤 직종이든 변화가 없는 직종이 있으련만 인쇄·출판만큼 변화와 발전이 많은 곳도 그리 흔하지는 않은 것 같다. 하기는 '십 년이면 강산도 변한다.' 고 했는데 그 강산이 세 번이나 변할 만큼 이 직종에 매달려 왔으니 변하지 않았다면 그것이 오히려 이상한 일일 것 같기도 하다.

1950년대, 60년대는 말할 것도 없고 1970년대까지만 해도 인쇄·출판이라면 활판이 주종을 이루었다. 요즘에는 납활자를 구경하기도 힘들게 되었지만 그때만 해도 활자가 아니면 인쇄를 할 수도 없었고 활자 없는 인쇄란 상상조차 하지 못했다.

납으로 주조된 활자를 칸막이가 된 상자에 가나다 순으로 배열해 넣어서 세워놓고 활자를 하나하나 뽑았는데 이 일을 문선 작업이라고 했다. 문선작업이 끝나면 뽑아놓은 글자를 일렬로 세워서 판을 짰다. 말하자면 조판을 한 것이다. 조판된 것을 인쇄기에 올려 교정쇄를 내 교정을 한 다음 인쇄를 했다.

따라서 이때는 책을 한 권 내는 데 몇 달 걸리는 것이 예사였다.

활판으로는 신속하게 인쇄를 할 수가 없었기 때문에 이 무렵에는 관공서에서 하급기관에 시달되는 공문이나 회의서류는 물론이고 학교에서는 시험지를 전부 '프린트'로 했다. '프린트'라는 것을 요즘 젊은이들이 이해할 수 있을는지 모르겠다. 컴퓨터 프린터로 뽑아내는 것을 '프린트' 한다고 하니 아마 그것 아니냐고 반문하지 않을까 싶다.

'등사판 인쇄'라면 좀 알까? 특수한지에 3㎜, 4㎜, 5㎜ 3종류의 방안지를 인쇄하여 초를 적당히 먹여 만든 등사원지란 것이 있다.

이 원지를 줄판(일본말로 가리방)에 올려놓고 철필로 글자를 쓰면 원지는 찢어지지 않고 글자만 구멍이 뚫렸다. 원지에 글자를 쓰는 일을 필경이라 했는데 이 필경된 원지를 등사판에 인두로 양쪽을 붙여 놓고 롤러에 잉크를 묻혀서 찍어냈다. 오른쪽 손으로는 잉크 묻힌 롤러를 밀어내어 잉크가 글씨 쓴 곳으로 새어나오게 하고 왼손으로는 찍힌 종이를 빼내는 작업을 등사라 했다. 손이 보이지 않을 정도로 등사를 잘한 사람이 두 명인가 있었는데 이들은 소속회사가 없이 '프리랜서'로 뛰었다. 며칠 밤 새우면 쌀이 한 가마씩이었다.

내가 사업이랍시고 인쇄를 시작한 때가 1970년 2월 17일이었다. 월급쟁이 14년 몇 개월인가를 청산하고 이걸 시작했는데 말이 인쇄업이지 실은 돈도 없고 사업에 대한 자신감도 없어서 자본금이 거의 들지 않는 '프린트'를 시작했다.

이때 필경사를 구하는 일이 무엇보다 어려웠다. 전주 시내에 프린트사는 많았으나 글씨를 잘 쓰는 필경사는 대여섯 명뿐이었다. 이들은 거의 자기 집에

앉아서 가져온 일감을 필경해 주었는데 처음 시작한 내게는 잘 써주지 않아 한 달여나 애를 먹었었다. 그때 필경사들은 자긍심이 대단했다. 어느 회사를 가리지 않고 써주었기 때문에 일감이 떨어지지 않았고 필경료도 높아 돈벌이도 좋았다. 정확한 금액은 기억나지 않으나 필경 1장 해주면 설렁탕 한 그릇하고 담배 한 갑 살 돈을 받는다고 자랑했던 기억은 생생하다. 회의서류같이 간단한 일감은 하룻밤에 4~50장을 거뜬히 써주었으니 목에 힘을 줄 만도 했다.

프린트업이란 항상 급한 일뿐이었다. 대부분 관공서의 일이었는데 어느 기관이나 하나같이 퇴근 무렵에 일을 맡겨놓고 내일 아침에 납품하라는 것이었다. 사정이 이러니 일을 맡지 않을 수 없고 맡아 놓은 일은 시간을 지킬 수밖에 없으니 밤을 꼬박 새우는 일이 다반사였다. 한때 프린트업을 하다가 어느 기관에 들어가 과장으로 승진까지 한 분이 있었는데 이분은 기관에 들러 만나기만 하면 '올빼미사업' 잘되느냐고 묻곤 했었다. 프린트업의 생리를 잘 아는 이분의 도움을 많이 받기도 했다.

1972년이었던가. 완주, 정읍, 고창 3개군 예산안 프린트를 맡았었다. 지금은 예산안이 의회의 심의를 거쳐 확정되지만 그때는 도에서 심의를 했었다. 위원은 각 실 국장들과 부지사 등이었던 것으로 기억되는데, 하여간 예산심의 일정이 정읍과 완주가 같은 날이었다.

1개 군 것이 대개 1,500페이지가 조금 넘었는데 3개 군 것이니, 4,500페이지가 넘는 방대한 분량을 일주일 만에 처리해야 하니 큰일이었다. 닷새를 꼬박 밤을 새워 납품을 하긴 했는데 심의 일정이 정읍이 오전, 완주가 오후로 잡혀진 것을 완주군 예산서(안)가 먼저 완료가 되고 정읍 것이 두 시간인가 늦게 되어 심의 일정을 바꾸지 않을 수 없게 되었다.

오전 오후로 뒤바뀌긴 했어도 심의에는 차질이 없었으나 오후에 심의를 받게 된 정읍군에서는 한숨을 쉬었다. 깐깐하기로 소문난 모 국장이 오후에 임석하게 되어 큰일이라는 것이었다. 뒤에 들은 얘기지만 깐깐한 모 국장 때문에 심의시간이 2시간이나 길어지고, 예산 담당자가 땀깨나 뺐다고 해서 지금껏 미안한 마음이다.

예산안의 크기는 8절이었다. 요즘말로 하면 B4크기이다. 1,500페이지가 넘으니 철사로 꿰맬 수도 없고, 풀로 붙일 수도 없어 궁리 끝에 못을 양쪽으로 박아 제본을 했고 50부를 리어카에 실으니 바퀴가 가라앉을 정도로 무거웠다.

이때 에피소드 한 토막–. 촌각을 다투는 작업을 하고 있는데 밤중에 잉크가 떨어져 해프닝이 벌어졌다. 그때는 통행금지 시간이 있어서 자정 이후는 4시까지 나다닐 수가 없었다. 그러나 가만히 앉아서 몇 시간을 지체할 수가 없어서 통행금지고 뭐고 나가서 잉크를 사오라고 야단을 쳤다. 그런데 쭈볏거리며 나간 친구들이 돌아올 시간이 되었는데도 오지 않아 조바심을 내고 있는데 다행히 잉크를 사가지고 왔다. 역전(지금 시청 자리) 오거리부터 남문까지 가는 동안 문방구점이란 문방구점을 다 두들겼으나 문을 열어주지 않아 시간이 걸렸다고 한다. 남문까지 가서는 더 이상 가볼 곳이 없어서 큰 돌멩이를 주워서 빈지문을 막 두들겨 팼더니 주인이 문을 열고 나와서 잉크를 사긴 샀는데, 이 과정에서 주위가 시끄러워지자 순경이 오게 되어 통금위반이라고 연행해 가게 되어 옥신각신 실랑이가 벌어졌다고 한다.

만약 예산안을 납품 못하게 되면 당신네들이 책임지라고 떠들었더니 돌려

보내 주더라고 어깨를 으쓱거렸다.

한쪽에서는 필경사들이 7명인가가 각자 책상에 형광등을 켜고 필경을 하고 한쪽 책상에서는 몇몇이 교정을 보고 안쪽에서는 3명이 등사를 하느라 정신이 없었다. 3일 밤을 꼬박 새운 한 필경사 보조는 의자에 앉아서 잠깐 졸다가는 갑자기 일어서서 집에 가야겠다고 나가 버렸는데 한 열흘 지나서 하는 말이 걸작이었다.

의자에서 눈을 뜨고 일어서려니까 머리가 핑 돌아서 죽는 줄 알았다고 하면서 몹쓸 직업이라고 다시는 않겠다고 막말을 했다. 그 친구는 한 일 년인가 놀다가 다른 직업을 구하지 못하고 다시 필경을 연습해 배웠었다.

그건 그렇고, 그때 내용은 프린트로 했으나 표지는 석판이나 활판으로 인쇄를 해서 제본을 했다. 활판시설을 하지 못한 나는 표지 인쇄는 맡겨서 했는데 활판업자는 나를 부러워했다. 돈을 벌고 못 벌고를 떠나서 사람들이 북적거리고 시끌짝해서 뭔가 사업을 하는 것 같다는 것이 이유였다.

항상 남의 손에 들려 있는 떡이 커 보이는가. 나는 그 활판업자를 부러워했다. 자본금이 없어서 활판 시설을 하지 못했고 밤낮 가리지 않고 일을 하지만 벌이는 시원치 않아서였다.

어쨌든 지금은 호랑이 담배 피우던 시절의 이야기이다.

-≪노령≫ 85호 1998.

봉급날과 스카우트

일반적으로 기업체의 봉급날은 그달 25일이 대부분이고 말일을 넘겨서 주는 곳은 거의 없는 실정이다.

그러나 인쇄업계는 사정이 좀 다르다. 다른 지방은 정확히 알 수 없으나 전주지방은 대개 그 달을 넘겨 다음달 10일을 전후해 봉급을 주고 있다. 이렇게 봉급날이 그 달을 넘기게 된 데에는 사연이 있다.

1980년대 초까지만 해도 봉급날은 그달 말일이었고 더러는 25일에 주는 곳도 있었다. 그런데 1980년대 초반을 넘어서면서부터 전에 없던 일이 일어나기 시작했다.

말일날 봉급을 받아가고 다음 1일날 결근하는 직원은 그것으로 회사와는 끝이었다. 사표를 낸 일도 없고 구두로라도 그만두겠다는 말은커녕 그 비슷한 말도 없이 안 나오면 그만이었다.

처음 몇 개월 동안은 무슨 일이 있는가 걱정이 되어 집으로 사람을 보내기도 하고 내가 직접 찾아가 보기도 했는데, 집에 가 보면 하나같이 집에서는 회사

사
직
서

에 나갔다는 똑같은 대답이었다.

집에도 얘기를 안하고 회사를 옮긴 것이다. 이렇게 허망할 데가 없었다. 기껏 교육시켜서 이제 좀 일을 시킬만 하면 월급 몇만 원 더 주는 곳으로 철새처럼 날아가 버리니 닭 쫓던 개 지붕 쳐다보는 격으로 하늘만 쳐다볼밖에 도리가 없었다.

그때나 지금이나 인쇄·출판업계는 영세해서 기술 인력이 늘 달리는 현상이다. 따라서 새로 개업을 하거나 기존업자가 확장을 하려면 결국 기술 인력을 스카우트해서 충당했다. 이러한 일은 결국 장님 제 닭 잡아먹는 일인데 코앞밖에 보지 못하는 인쇄업계의 관행은 개선될 기미가 보이지 않았다.

우선 우리 회사부터라도 인력을 양성할 수밖에 없다고 판단, 매년 10월이면 현장 실습을 나오는 실업고와 대학 졸업예정자들을 5~6명씩 받았다. 여상생들은 타자 쪽으로, 공고·농고생들은 인쇄·사진·제본 쪽으로, 대학졸업예정자들은 편집·교정부로 배정했다. 실습생들이 실무를 익히려면 아무리 해도 6개월 이상이 걸렸다. 적어도 7~8개월 가야 겨우 월급 몫을 했다.

타자는 여상생들을 기본적으로 배우는 과목이니 바로 활용할 수 있지 않겠는가 생각하는 사람들도 있으리라 생각된다. 그러나 그때 인쇄업계에서 얘기하는 타자는 자음, 모음을 따로따로 두들기는 타자기가 아니라 글자가 완전히 하나로 만들어진 활자를 자판에 배열해 놓고 이걸 한자 한자 찾아서 치는 청타라고 하는 타자였기 때문에 이걸 익히고 또 맞춤법, 띄어쓰기, 한자 등을 배우려면 아무래도 6~7개월씩 걸렸다.

대학 졸업자들도 편집을 바로 할 수 없고 간단한 것 같아도 제일 까다로운 것이 교정이어서 이것도 제대로 익히려면 5~6개월 족히 걸렸다. 쉽게 말하면 6~7개월은 공짜로 월급을 주는 셈이었다. 이 돈이 아까워 남의 회사에서 그저 빼가는 것을 능사로 삼고 있는 것이다.

매년 되풀이되는 '빼가기' 때문에 나중에는 처음 실습 나올 때부터 학교 측의 각서를 받고 본인들도 3년 이상 근무할 것을 서약하도록 했다. 그러나 허사였다. 각서나 서약서는 휴지에 지나지 않게 된 것이다.

몸이 아파서 쉬어야겠다느니, 어머니가 어디를 가게 되어 집안 일을 해야 한다느니, 언니네 아기를 봐주러 간다느니, 이사를 간다느니 별의별 이유를 대고 그만두겠다는데야 3년 이상 근무하겠다는 각서나 서약서는 그저 휴지 조각에 불과했다. 계약기간을 채우지 못하면 월급을 반납한다면 몰라도 각서, 서약서는 아무 효력이 없었다.

말일날 월급을 받고, 그 다음날부터 안 나오니 속수무책, 배신감만 짓씹고 이기주의만 나무랄 수밖에 없었다.

고심 끝에 결국 '이에는 이, 눈에는 눈'으로 대하는 방법밖에 없다고 보고 봉급날을 늦추기로 했다. 처음에는 반발이 있었으나 사정을 얘기하니 모두 수긍했다. 그 뒤로는 말없이 그만두는 일은 없어지게 되었다. 다른 회사도 덩달아 봉급을 늦추었다.

10일이나 15일날 전달치 월급을 받고 그만두게 되면 10일이나 15일치의 돈을 받을 수 없기 때문에 말없이 그만둘 수가 없게 된 것이다. 회사로서는 한시름 놓게 되었으나 그렇다고 '빼내가기'는 아주 없어진 것은 아니었다.

양성해 놓은 인력을 빼앗기게 되는 원인을 분석해 보기도 했는데 원인은 돈 때문이기도 하지만 일을 배운 곳에서는 1년 경력가지고는 초보자라는 딱지가 떨어지지 않는다. 적어도 2~3년 지나야 경력자 대열에 서게 된다. 스카우트되어 다른 곳으로 가면 우선 경력자 대열에 서게 되고 기술자 대우를 받게 되니 심리적으로 옮기고 싶은 욕구가 일게 된다고 보았다.

갈 사람은 굳이 막지 않고 남은 사람 관리에 치중하면서 5년여간 흘러가니 연어처럼 회귀현상이 일어나 하나둘씩 돌아오게 되어 인력수급에 큰 문제가 없게 되었고 인력양성을 십오륙 년 계속해 오다 보니 현재는 전주시내 인쇄업계에 종사하고 있는 기술인력의 70% 정도가 '신아' 출신들이다.

스카우트로 인해 가장 타격을 입은 것은 1989년의 일이었다. 전산실, 편집부, 사진부 등에서 20여 명의 인력이 하루아침에 빠져나가 버려 업무가 마비되었다. 전산실과 편집부는 한 명도 없이 깡그리 스카우트해 가버렸다.

6 · 29선언으로 일간신문 등록이 자유롭게 되자 도내에도 일간지들의 창간러시가 시작되었는데 이때 모 신문사가 창간을 하면서 몽땅 데려가 버린 것이다.

당시만 해도 도내 인쇄업계는 컴퓨터가 거의 보급되지 않은 형편이었는데 유일하게 '신아' 가 컴퓨터 시스템을 제대로 갖추고 있었기 때문에 표적의 대상이 된 것이다.

문제는 스카우트에 있지 않고 어느날 갑자기 데려가 버려 대책을 세울 수 없게 만든 데 있었다. 8월에 직원 모집을 해 놓고 '창간 날이 확정되지 않았으니 현 직장에서 계속 근무를 해라, 필요할 때 부르겠다.' 고 한 것이다.

세 사람만 신문사로 가게 되었다고 사표를 내고 나머지는 시치미를 떼고 있어서 3개월여를 까맣게 모르고 있다가 11월 10일인가 몽땅 안 나오는 날에사 알게 되었다. 하늘이 노랬다.

컴퓨터가 보급되지 않은 상태니 인력이 없었다. 서울도 사정은 마찬가지, 이제 막 컴퓨터가 보급되기 시작하는 단계라 어찌해 볼 도리가 없었다.

신문사에 항의했더니 "우리는 공채를 했기 때문에 본인들이 제 발로 온 것이지 스카우트한 것이 아니다."라고 잡아뗐다.

"스카우트를 해 가는 것까지는 좋다. 그러나 대책을 세울 수도 없게 만드는 것이 공익기관으로서 할 일이냐?"고 따졌으나 공허한 메아리일 뿐이었다. 몽땅 빠져나간 인력 때문에 1년 동안은 그야말로 비상사태의 나날이었다.

이 일은 시대의 한 흐름으로 치부하고 넘어갈 수밖에 없는 일이지만 지금도 남이야 죽거나 망하거나 나만 잘살면 된다는 의식은 그대로 남아 있어서 사회 곳곳에서 마찰음을 내고 있으니 마음은 개운하지 못하다.

아무튼 신문사라는 신기루 때문에 봉급날을 늦추는 것은 아무 효력을 보지 못하고 지금껏 봉급날은 앞당겨질 줄 모르고 있다.

-≪노령≫ 86호, 1998.

상전벽해桑田碧海

'출판에 얽힌 이야기' 를 2년 가까이 연재해 오면서 다시 한번 세월의 무상함이랄까 좀 묘한 감상에 젖게 된다.

세상의 모든 일들이 다 그렇기는 하지만 직업 · 직종에도 영고성쇠의 기복이 마치 상전벽해를 보는 느낌이어서인지 모르겠다.

1970년대까지만 해도 인쇄업자들 명함에는 '활판인쇄' 란 단어가 맨 앞자리에 있었다. 활판 시설이 되어 있는 회사나 그렇지 않은 회사거나 너나 없이 모두 '활판인쇄' 를 한다고 내세웠다. 이때만 해도 활판活版은 인쇄의 대명사였고 따라서 이때까지가 '활판의 전성기' 였지 않았나 싶다.

1980년대에 들어서면서부터는 명함에 앞세우는 종목이 다양해졌다. '활판인쇄' 를 앞세운 업자도 있었지만 '공타' 가 앞에 나오기도 하고 '옵셋' 인지 '옵셋트' 인지 '오프셋' 인지 하는 종목이 앞에 내세워지기도 했다.

1980년대 중반에 들어서는 '청타', '마스타' 라는 종목들이 앞에 서기도 했고, 1990년대에 들어서면서는 '컴퓨터 조판' 이니 '컬러 인쇄' 니 또는 '원색 인쇄', '천연색 인쇄' 등이 주종목으로 등장했다.

활판 인쇄기는 한번 사면 대부분 대를 물려가면서 가업으로 이어져 왔다. 그러나 시대의 흐름을 읽지 못하고 변신을 하지 않은, 활판만 고집한 업자들은 버티지 못하고 밀려났거나 뒤늦게 흐름을 타느라 허둥댔었다. 그래도 전주 시내에는 아직까지 활판이 두어 곳 남아 있기는 하다.

그러나 업자 자신이 기술자여서 기계는 가지고 있으니 인쇄를 하기 위한 것이 아니고 종이에 자국을 내서 접기 쉽게 하는 일이나 더러는 아주 얇은 종이에 인쇄를 하기도 한다. 그마저도 일감이 없기 때문에 마스터나 다른 일을 하는 것이 줄고 활판기계는 놀리고 있는 상태다. 프린트나 필경처럼 자취를 찾을 수 없는 날이 그리 멀지 않은 것 같다. 아마도 박물관에나 가야 활자를 보게 되지 않을까 싶기도 하다.

공타孔打, 정확한 인쇄용어는 공판인쇄孔版印刷가 등장하면서 활판시대는 서서히 내리막길을 걷게 되었는데 전주에 처음 공타를 들여온 곳은 1970년대 초 소죽小竹인쇄소였던 것으로 기억된다. 당시 소죽인쇄소는 중앙동에 있었는데 지금의 도청 후문 사거리에서 다가동파출소 쪽으로 한 사거리 와서 북쪽 오른편으로 두 집인가 세 집 지나서 2층에 있었다.

공타기계를 처음 구경했을 때는 퍽 신기했다. 타자기 하면 한글 자음 모음 하나씩을 손가락으로 두들겨 치는 것으로만 알고 있다가 활자를, 그것도 한글은 물론 한자까지도 한 자씩 집어올려 탁탁 치는 것이 여간 신기한 것이 아니었다. 그리고 인쇄 하면 으레 남자들이 시커먼 작업복을 입고 손에 검정칠을 하고 더러는 얼굴에까지 검정 칠을 한 채 분주히 왔다갔다 하는 광경만 보아오다가 제복을 깔끔하게 입은 아가씨들이 주르릉 앉아서 활자를 찾아서 치는 손놀림이 여간 보기 좋은 것이 아니었다.

그때는 관공서의 회의서류나 보고서, 공문서 등이 거의 프린트(등사)였는데 이 공타가 등장하면서 손으로 써서 등사한 프린트 영역을 잠식해 가기 시작했다. 활판인쇄처럼 선명하지는 않아도 활자 인쇄인데다가 프린트처럼 빠르고 값은 활판보다 월등히 싸니 자연히 흐름은 공타 쪽으로 쏠릴 수밖에 없었다.

공타가 등장한 이후 프린트와 공타, 활판의 공존시대가 한 10여 년 이상 계속되었으나 1980년대에 복사기가 일반화되면서 프린트는 어느 사이엔가 흔적도 없이 사라지게 되었고 공타는 청타란 이름 앞에 서서히 빛을 잃어갔다.

공타는 활자로 때려서 원지(stencil paper)에 구멍을 내, 잉크를 밀어내 인쇄하는 방식으로, 쉽게 말하면 프린트(등사) 방식이었다. 청타는 원지에 구멍을 내는 것이 아니라 검정테이프를 종이에 올려놓고 활자를 두들겨서 글자가 찍히게 되는 활판인쇄방식으로 원판을 만들어 복사하는 것처럼 인쇄를 하기 때문에 선명도에 있어서 활판에 지지 않게 되었다.

청타가 전주에 본격적으로 도입되기 시작한 것은 1983년인가였는데 이때부터 3, 4년 지나면서 활판인쇄는 급격히 퇴조되기 시작했고 1990년대 초에 들어와서는 거의 모습을 볼 수 없게 되었다. 있다 해도 옛날처럼 주조시설을 갖추고 대규모로 하는 활판인쇄소는 한 곳도 없고 겨우 명맥만 이어가는 곳이 몇 집 남았을 뿐이다.

1986년부터 컴퓨터 조판 시대가 개막되었는데, 다른 인쇄분야에서는 5년 또는 7, 8년씩 서울에 비해 뒤떨어져 있었는데 컴퓨터만은 서울과 같이 출발

했다. 물론 그때는 8비트(bit)여서 컴퓨터가 크게 위력을 발휘하지 못하고 몇 년을 주춤거렸다. 그러다가 1990년대에 진입하면서부터 장족의 발전을 하여 새로 창간하는 신문사들은 앞다퉈 컴퓨터 시스템을 도입했다. 인쇄소들도 컴퓨터를 들여오지 않고는 경쟁력이 떨어지게 되자 앞다퉈 뒤를 따랐다.

그러나 컴퓨터시대가 되면서 기계의 수명주기가 너무 짧아져 기계 교체에 숨을 허덕이게 되었다. 잘 알다시피 8비트에서 16비트－286에서 386, 486, 586 펜티엄－이렇게 정신없이 바뀌게 되니 인쇄업자들은 가쁜 숨을 몰아쉴 수밖에 없게 된 것이 오늘의 현실이다.

활판기계는 한번 사면 대를 물려가면서 썼는데 공타는 10여 년, 청타는 5·6년, 컴퓨터는 처음은 3년, 다음에는 2년, 그 뒤로는 1년이 멀다 하고 업그레이드되고 있다.

앞으로는 또 어떻게 변할지……. 상전벽해－. 그렇다. 불과 2, 30년 전과 오늘의 인쇄 현실을 되돌아보면서 이 말밖에 할 말이 없다.

－≪노령≫ 87호, 1998.

과학전과 운명

우연일까, 아니면 필연일까? 정말 운명이란 것이 시나리오처럼 짜여져 있어서 그렇게 되었단 말인가. 참 알 수 없는 일이다.

출판·인쇄업을 한 30년 해오는 동안 가끔씩 부딪치는 의문이다. 그저 우연이라고 가볍게 지나쳐버리기엔 뭔가 자꾸 고개가 갸웃거려지는 그런 경우를 겪는다.

한 가지만 얘기해 보자. 지금도 매년 과학전이 열린다. 교육부에서 주관하는 이 과학전은 초·중·고 교사들과 학생들이 교육현장에서 관찰하고 실험·연구한 것을 출품하는 것이다. 올해로 44회째인가 된다. 이 과학전은 대통령상을 비롯, 국무총리상, 장관상, 교육감상 등이 주어져 영예로울 뿐만 아니라 대통령상을 받게 되면 상금은 물론이려니와 특히 교사들은 전형없이 막바로 장학사로 특별승진을 하게 되어 교사라면 누구나 선망하는 상이다.

교사들이 과학전에 작품을 내는 데 인쇄와 무슨 상관이 있을까 궁금한 분도 있으리라. 그러나 인쇄는 우리들 일상 어느 한곳 상관없는 곳이 없다. 누구나 가지고 다니는 명함에서부터 청첩장, 인사장, 전단, 포스터, 스티커 등등 생활 구석구석에 자리잡아 현대인과는 떼려야 뗄 수 없는 것이 인쇄이다.

과학전에 작품을 출품하려면 자연히 따라붙는 게 있다. 작품설명서라는 것이다. 인쇄 환경의 변화에 따라 이 작품설명서도 1970년대까지는 대개 프린트(등사)였고 1980년대는 공타와 청타로 인쇄를 했다. 지금이야 물론 컴퓨터로 조판을 해서 프린터로 뽑거나 복사를 하거나 마스터 인쇄를 하거나 하고 있다.

그러니까 1980년대 초반의 일. 공타가 막 보급되어 가는 시기라서 그때까지는 프린트가 많았다. 과학전 작품설명서도 프린트로 많이 했다. 그리고 과학전에는 작품설명서와 함께 작품내용을 요약한 차트가 있어야 했다. 전시장 벽에 붙여 놓고 작품내용을 설명해야 했는데 4×6전지 2장을 이어붙이도록 규격이 통일되어 있어서 내용 연구만큼 심혈을 기울여 차트 내용을 구성했다. 차트는 대개 프린트 필경을 하는 필경사 몇 분이 맡아서 글씨를 쓰고 도표와 그림을 그려넣어 만들었다.

과학전 예선은 각 도별로 과학관에서 주관했고 본선은 서울에서 문교부가 주관했다. 지금은 과학관이 교육정보과학원으로 이름이 바뀌었고 문교부도 교육부로 개칭되었다.

아무튼 얘기를 쓰다보니 다른 길로 한참 빗나갔는데 이제 본론인 과학전과 운명에 대해 얘기해 보자. 1982년인가 1983년인가는 명확지 않다. 하여간 1980년도 초반 여름, 방학이 시작되고 얼마 되지 않은 어느 날이었다.

ㅈ선생이 과학전 작품설명서를 찾으러 왔다. 다 만들어서 묶어 놓은 것을 풀어서 한 권을 드렸다. ㅈ선생은 인쇄물을 받아들고 30분 이상을 틀린 곳이 있는지 확인한 후 "잘됐다."면서 일어섰다. 막 문을 열고 나가려는데 엇갈려서 다른 한 분이 들어오셨다. 나도 일어나서 나가는 ㅈ선생을 바래다 주러 따라 나가다가 들어오는 분과 마주쳤다. 전북대학교 Y교수였다. 나가던 ㅈ선생이 주춤하더니 Y교수를 보자 "선생님, 안녕하셨습니까? 오랜만입니다." 하고 인사를 했다.

"오랜만이군. 그래, 어찌 왔나?"

"아-예. 과학전에 출품하려고 작품설명서를 인쇄하러 왔습니다."

"그래? 그럼 어디 한번 보세나."

Y교수는 ㅈ선생의 은사였다. ㅈ선생은 조금전 오자誤字 유무를 확인하고 손에 말아쥐고 있던 작품 설명서를 얼른 드렸다. Y교수는 몇 장 슬렁슬렁 넘겨보더니

"이거 좀 고쳐야 되겠는데……." 하신다.

이렇게 되어서 이미 인쇄된 설명서는 놔두고 ㅈ선생은 Y교수를 모시고 나갔다. 사제관계인 두 분이 만나게 된 것이 십몇 년 만이라던가, 아니 몇십 년이라던가 했는데 이때까지만 해도 나는 별 생각 없이 그냥 우연이려니 생각했다.

며칠 후 ㅈ선생은 고쳐진 원고를 가져왔다. 상당부분 고쳤기 때문에 별수 없이 먼저 것을 폐기처분하고 다시 인쇄를 해주었다. 그런데 공교롭게 그해도 과학전 심사위원장에 Y교수가 위촉되었다. 과학전 예선 결과 ㅈ선생은

농수산분과에서 특선으로 입상했다.

연관지어 생각지 않으려 해도 사무실에서 우연히 마주친 Y교수와 ㅈ선생이 자꾸 떠올라 조금이라도 사사로운 감정이 개입되지 않았을까 하는 생각을 하다가도 그럴 리야 있겠는가 고개를 저었다. 그러나 그 우연한 만남, 그것도 십몇 년 만이라던가 하는 그 절묘한 마주침은 우연이 아니란 생각이 자꾸 맴돌았다.

한 달 정도나 지났을까. 바쁜 일 때문에 과학전 일은 까마득히 잊고 있었는데 신문에 과학전 입상자 발표가 큼지막하게 자리하고 있었다. 대통령상을 수상한 작품과 출품자의 사진이 함께—. 눈에 확 들어오는 것이 있었다. 국무총리상에 ㅈ선생 작품이 중간타이틀로 뽑혀 있었다. 내가 상을 받게 된 것처럼 환호성이 저절로 나왔다.

아무튼 과학전에서 ㅈ선생과 Y교수의 우연한 만남은 운명이 아닐까 고개를 갸웃하면서도 심혈을 기울인 작품에 전문가의 이론적인 뒷받침이 있어서 완벽한 작품이 되지 않았나 생각한다. 그런데 이런 우연한 만남을 가끔씩 보고 겪으면서 어떻게 과학적으로 설명할 수 있을까 생각해 보지만 해답을 달리 찾을 수가 없다.

각설하고—. 가장 논리적이고 합리적이고 과학적인 전국과학전에 미신 같은 운명을 논하는 것은 웃기는 얘기가 아닌지 모르겠다.

—≪노령≫ 88호, 1998.

새 식구들

"째째짹째째짹 짹짹짹."

감나무 밑에 서서 이 소리의 행방을 찾아 며칠째 두리번거리는지 모르겠다. 제비 새끼 소리 같기도 하고, 참새 새끼 소리 같기도 한, 분명 어미가 먹이를 물고 왔을 때 새끼들이 입을 벌리고 서로 먹이를 달라는 소리인데 도통 소리가 나는 곳을 찾을 수가 없다.

감나무 이 가지 저 가지를 유심히 살펴보아도 새집은 보이지 않고 소리만 요란하다.

앞집 처마 어디에 제비집이라도 있는가 그쪽으로 가 보니 역시 아니다. 옆집인가 다가가 보지만 소리는 다른 방향에서 난다. 이리저리 왔다갔다 두리번거리는 사이 조용해진다. 아마 어미새가 먹이를 주고, 날아가 버린 모양이다.

아침이면 사무실에 나가기 전에 10여 분씩 소리의 출처를 찾아 두리번거리지만 번번이 허탕이다. 도무지 감이 잡히지 않는다.

"그것 참! 새소리는 나는데 새를 찾을 수가 없으니 귀가 어떻게 된 것인지,

눈을 무엇이 가린 것인지. 허참!" 중얼거리며 대문을 나선다.

사무실에 나와선 새소리는 까맣게 잊고 지내다가 늦게 집에 들어오면 새소리가 나지 않으니 또 그냥 잊고 만다.

아침이면 일찍부터 새들이 잠을 깨운다. 눈을 뜨고도 게을러서 누운 채 라디오를 켜고 아내가 가져온 신문을 뒤적거리다가 아침을 먹고 출근을 할 때에야 마당에 나온다. 때마침 기다렸다는 듯이 감나무 근처에서 절규처럼 자지러지는 새끼새들의 울음소리는 발걸음을 멈추게 한다.

'도대체 새끼새들이 어디에 있는 거야?'

몇 번이고 고개를 갸웃거리며 감나무 밑을 배회하지만 여전히 안개 속을 헤매는 것처럼 깜깜하다. 그저 잠깐씩 궁금증을 풀지 못한 채 감나무 밑을 서성거린 지 두어 주일쯤 지났을까. 일요일 아침 아내가 화단을 손질하다가,

"아직도 새소리가 어디서 나는지 못 찾았어요?"

"글쎄, 소리는 나는데 도무지 찾을 수가 있어야지. 무엇에 홀린 것인지……."

아내는 보물이라도 숨겨둔 곳을 혼자 알아내기라도 한 것처럼 득의양양한 표정으로 감나무 밑동 근처 담장을 가리킨다. 담장을 아무리 훑어봐도 새는커녕 블록을 얼기설기 얹어놓고 미장을 하지 않아 틈새만 흉하게 보일 뿐이다.

의아해서 돌아다보자 아내는 기다렸다는 듯이 미소를 머금은 채,

"이쪽으로 와서 잠깐만 기다려 봐요." 한다.

한참을 기다리니 참새가, 아니 참새처럼 생겼으나 참새보다 훨씬 작은 새가 먹이를 물고 감나무에 날아와 앉는다. 꽁무니를 깝죽거리면서 주위를 살피다가 담장 위에 앉았다가 눈에 잘 띄지도 않는 블록 담 틈새로 날름 들어간다. 새끼들이 서로 먹이를 달라는 소리가 한참 이어진다.

전혀 생각지도 못한 곳에 집을 마련했구나, 감탄을 하면서 새 둥지만 어디 있는가, 나뭇가지 어디쯤에 집을 지었을까, 처마 밑 아니면 화단 한구석 후미진 곳에 둥지를 틀었을 거야, 하고 그쪽으로만 포커스를 맞춰놓고 소리를 편집해서 들었으니 새집을 못 찾은 것은 너무나 당연했던 것이다.

소리를 제대로 듣는다는 것이 얼마나 어려운 일인가 새삼 느껴진다. 넓지도 않은 곳에서 나는 소리의 방향을 못 찾고 고정관념으로만 소리를 찾아 헤맸으니…….

우리는 어려서 부모님의 말씀을 듣고 자란다. 학교에 들어가서는 선생님의 가르침의 소리를 들으며 성장한다. 어디 그뿐인가. 날마다 살아가는 일상이 듣고, 보고, 말하고, 느끼는 것이 전부 아닌가. 날마다 듣는 일을 반복하는데도 이 듣는 일이 참으로 어려운 일임은 분명한 것 같다.

소리에는 여러 가지가 있다. 물건이 부딪치는 단순한 소리, 말씀의 소리, 민의의 소리 등등.

소리를 제대로 듣지 못하고 고정관념으로, 또는 아전인수 격으로 자기 편하게, 자기에게 유리하게 편집해서 듣게 되는 이유는 무엇일까? 어떻게 하면 올바로 듣는 귀를 가질까. 허유처럼 못 들을 소리를 들었다 해서 귀를 씻어야 할까.

이 소리를 제대로 듣기만 한다면 바로 천국, 이상향이 실현되지 않을까 싶어진다. 부모님의 말씀을 잘 듣고 그대로 따랐다면, 선생님의 가르침을 잘 듣고 그대로 실천했다면, 공자 · 예수 · 석가모니 등 성현의 말씀을 제대로 들었다면 사회가 이처럼 혼란해질 까닭이 있었겠는가. 모든 문제가 이 소리를 제대로 듣지 못하는 데서 발생한 것이 아닌가 싶다.

아무튼 새소리의 방향을 제대로 알고부터 가끔씩 사무실을 나와 감나무 밑으로 간다.

"째째짹째째짹짹짹짹." 하는 새끼새들의 소리는 마당을 꽉 채우고 온 집안에 생기가 넘치게 한다. 공연히 가슴이 벅차서 심호흡을 하기도 하고 들랑날랑하는 어미새의 조심스런 행동을 보며 시간 가는 줄 모르고 있다가 직원이 불러서야 사무실로 나가기도 한다.

새들의 새 식구를 맞아 생기가 넘치는 마음이 되어 여간 기쁜 게 아니다.

－≪다르마≫ 3호, 2000.

능소화

우리 집 담장에 금년 처음으로 능소화가 얼굴을 보이기 시작했다. 담장을 타고 넘어와 발그레한 얼굴로 미소를 지으며 오가는 사람을 내려다보고 있다.

담장을 기어오르기가 힘이 들었을까. 심은 지 5년이 지나 겨우 울을 넘어 바깥세상을 구경하러 나왔다. 집을 나서면 바로 오른편으로 능소화가 반기는데 이 길은 편집실과 전산실 · 기계실을 오가는 길이다. 하루면 몇 번씩 이곳을 지나치면서 능소화의 화려한 유혹에 발길을 멈추지 않을 수 없다. 처음엔 수줍은 듯 미소만 머금고 있더니 어느샌가 활짝 웃으며 나팔을 불어댄다. 사진도 가끔씩 찍어주고, 오늘은 나팔수가 몇이나 나왔는가 세어보기도 하며 여름을 보냈다.

어린 시절 시골에 살았을 때는 그 꽃이 무슨 꽃인지 이름도 모르고 나팔꽃을 닮은 주황색 꽃이 좋기만 했다. 나팔꽃은 꺾으면 금방 시들어버리는데 그 꽃은 오래오래 싱싱했다. 외갓집이 한동네여서 수시로 드나들었는데 대문 옆 헛간 지붕을 능소화가 온통 뒤덮었었다. 외할아버지는 어찌나 엄하셨던지

중3, 고2의 외삼촌은 집안에서 기침 소리도 내지 못했다. 그러나 나는 아주 짓궂은 개구쟁이였던지 외할아버지의 동정을 살피다가 헛간 지붕에 올라가서 꽃을 줄기째 꺾어들고 내려와 고샅을 누비며 자랑을 하고 다녔다.

능소화는 진외갓집에도 있었다. 거기 가서도 사랑채 담장 옆에 있는 나무에 올라가 꽃을 따다가 미끄러져서 다리를 다쳤다. 그때 사랑채 마루에서 바둑을 두시던 할아버지가 "고놈! 능소화가 잘 혼내주었구나." 하시던 말씀이 지금도 생생하다. 진외갓집은 배를 타고 강을 건너서 가야 했다. 강이 도 경계를 이루어 배에서 내려 30리를 걸어가면 면 소재지에 진외가가 있었는데 무슨 심사였는지 돌아올 때 능소화를 한줌 따서 들고 왔던 일이 추억으로 남아 있다.

능소화는 중국을 비롯해 우리나라, 북아메리카 등지에 분포한다. 옛날에는 주로 양반집에만 심었기 때문에 '양반꽃' 이라 불리기도 하는데 서양에서는 트럼펫을 닮은 꽃 모양이 나무나 벽 등을 타고 올라가는 성질 때문에 '트럼펫 덩굴식물' 이라 부르기도 한다고-.

전설을 보면 재미있다. 본래는 땅을 기어가는 가련한 꽃이었던 능소화가 어느 날 소나무에게 "나도 먼 곳을 볼 수 있게 해주세요."라고 부탁했다. 소나무는 능소화의 아름다움에 반한 나머지 쾌히 승낙하며 "나를 붙잡고 올라오라."라고 했다고 한다.

능소화는 박경리의 ≪토지≫에도 자주 등장한다. 지리산이며 묘향산으로 방황하는 환이는 불현듯 능소화의 환영에 사로잡히곤 한다. 환이 눈앞에 별안간 능소화가 떠오르면서 최참판 댁 담장이 떠오른다. 문학평론가 김윤식은 "섬진강변 하동땅 평사리 최참판 댁 담벼락을 타고 오르는 저 현란한 능소화의 숨막히는 화려함"이라며 이 붉은색의 넝쿨 식물이야말로 최참판 댁 운명의 색깔이라고 ≪박경리와 토지≫에서 말한 적 있다.

또 능소화를 노래한 시인들이 있다.

꽃이라면 이쯤은 돼야지/ ……/ 주황색 비상등을 켜고/ 송이송이 사이렌을 울리며/ 하늘마저 능멸하는/ 슬픔이라면/ 저 능소화만큼은 돼야지.

—이원규 〈능소화〉

혼자서는 일어설 수 없어 나무에, 돌담에/ 몸 기대서 등을 내거는 꽃/ 능소화 꽃…….

–박남준 〈땅을 향해 피는 꽃〉

손주들을 데리고 전주수목원에 가서 여러 가지 꽃이며 희귀한 식물들을 구경하다가 능소화를 발견했다. 낮게 자라고 있는 식물들만 두리번거리며 찾고 있는데 앞을 가로막은 나무가 있어 고개를 들어보니 거기에 능소화가 대롱대롱 매달려 화려한 꽃나팔을 불고 있었다. 이파리가 없는 죽은 나무였다. 하늘 높이 올라가다가 나무 우듬지가 꺾인 위까지는 오르지 못하고 줄기를 늘어뜨려 대롱거리고 있다. 능소화가 여름 한낮에 주황빛 꽃을 송이째 뚝뚝 떨어뜨리는 것을 보면 누구라도 가슴 설레지 않을 수 없을 것이다. "현란한 능소화의 숨막히는 화려함"이라고 한 말마따나 수목원의 능소화는 정말 숨막히는 화려함의 극치였다.

마침 수목원 연구사 S씨를 만나 능소화의 꽃말은 '명예, 자랑, 자만' 이고 번식은 씨뿌리기, 꺾꽂이, 포기나누기 등이라는 말을 전해 들었다. 그때 떼를 써서 곁가지 두 개를 가져와 꺾꽂이를 한 것이 이제 꽃을 본 것이다.

내 무의식 속에 능소화는 양반꽃, 부잣집꽃이거니 하고 각인이 되었는지 집에서 자라는 능소화를 보며 제법 지체가 높아지고 부자가 된 것처럼 넉넉한 마음이다.

–≪모악에세이≫ 8호, 2009.

고향이 다른 형제들

모처럼만에 찾은 수목원. 가는 날이 장날이라 했던가. 오늘따라 관람객으로 만원을 이룬다.

조용히 머리도 식힐 겸 꽃사진을 촬영하겠다는 계획을 접고 나들이 나온 사람들 표정을 잡기로 한다.

온갖 야생화며 기화요초들이 활짝 웃음을 터트리는 계절이어선지 참 많이도 왔다. 드넓은 주차장이 차 세울 곳이 없어 주차 안내원들과 말싸움이 한창이고 수목원내에는 그늘이 있는 나무 밑에서는 벌써부터 돗자리를 깔아놓고 둘러앉아 고기 구워먹기에 정신들이 없다. 유치원생들도 몇 팀이 왔는지도 모르게 많이 왔다. 산만한 유치원 아이들을 돌보느라 뛰어다니면서 흩어지지 않게 소리소리 치면서 주의를 주는 선생님들. 도떼기시장을 방불케 한다.

휴일에 날을 잡은 것이 잘못이지 누굴 탓하겠는가. 마음을 가라앉히고 유치원생들 뒤를 따라 병아리 같이 귀여운 모습을 카메라에 담기로 한다.

이곳에 오면 낯익은 야생화며 나무들이 많아 어린 시절로 돌아간다. 학교에

오가면서 길가에 또는 들판, 산비탈에서 흔히 보았던 야생식물이 약초원에서 자라는 것을 보며 이런 것도 약초로 이용되었던가? 하고 신기해지고 대나무 종류만 해도 25종인가 26종인가 세어보다가 그냥 지나친다. 무궁화 종류도 하도 많아 그저 일별하고 지나면서 무궁화꽃은 이른 아침에 촬영해야겠다고 다음을 기약한다.

온실에는 노지에서 자랄 수 없는 종류들만 옮겨놓은 것 같고 수생식물들은 연못이며 논같이 꾸며 한곳에 모아놓았다. 모두들 저 자라던 환경에 맞게 만들어 놓았다. 식물들의 습성, 생태환경을 맞춰 정성스레 가꾸고 있음이 역력하다. 쉽게 말하면 떠나온 고향처럼 환경을 조성해 놓아서 식물들이 싱싱하게 자라고 있다.

유치원생들의 천진스런 행동에

정신이 팔려 계속 카메라 셔터를 누르고 있는데

"선배님 아니세요? 오랜만입니다."

하는 소리에 뒤돌아본다.

정말 오랜만에 만나는 후배다. 그는 아픈 시련의 세월을 겪고 재기에 성공했다. 사업에 실패하고 떠돌아다니느라 아이들을 여기저기에다 맡겼다. 큰놈은 시골의 처갓집에, 둘째 놈은 도시의 처형 집에, 셋째 놈은 너무 어려서 자신이 기르다가 3살이 될 무렵 시골의 할머니에게 데려다 줄 수밖에 없는 형편이었다. 그러구러 오륙년을 보내면서 겨우 자리를 잡고 이제는 한집에서 자식들과 같이 살게 되었다고—. 아마 오늘은 온 식구들이 나들이를 나온 모양이다. 식구들 모두가 환한 얼굴에 웃음꽃이 피었다. 두 살 터울의 3형제가 훤칠하게 다 잘 생겼다. 중학교와 초등학생이라 한다.

방학 때면 이 3형제가 각기 다른 방향으로 떠난단다. 큰놈은 시골의 외할머니 댁으로, 둘째 놈은 도시의 이모 댁으로, 셋째 놈은 다른 시골의 할머니한테 간단다. 안부전화를 하라고 하면 세 놈들 모두 제가 자란 곳으로만 전화를 하고 만단다. 반대로 장모님은 큰놈을 찾고 처형은 둘째를, 할머니는 막내만 찾는다고 한다.

어렸을 때 자란 곳이 고향이 되고, 가족도 친척도 부대끼면서 지내야 더 정이 드는가—.

아! 이런. 정신 놓고 있는 사이 유치원생들이 저만치 가고 있네.

—≪다르마≫9호, 2006.

동백꽃 사연

맑고 고귀한 정신

요즘 세상 돌아가는 것을 보면 아수라장 같다. 하루에도 여러 번씩 정치권은 차떼기, 코드정치, 얼짱정치, 걸핏하면 "특검이 어쩌구 저쩌구…." 외쳐댄다. 바람에 생긴 슈퍼스파이더(특거미)맨 등 일 년 내내 우리의 귀를 괴롭혔던 정치용어에서 보듯 정치권은 온통 뒤죽박죽이다. 또한 사회는 부정, 부패, 사기, 살인, 비리, 강도…. 등 겹겹이 가려진 우리 사회의 환부가 드러나면서 '살 떨리는' 사회가 되어가고 있다.

이러한 정치적 · 사회적 혼란이 비단 어제오늘에 비롯된 일은 아니지만 점점 그 상태가 위험수위를 넘기에 하는 말이다.

이렇게 된 배경에는 여러 요인이 있을 수 있겠지만 무엇보다 소유에 의한 집착에서 비롯되지 않나 싶다. 남보다 더 많이 가지려는 욕망, 얼마나 더 많이 가졌느냐에 의해 인간의 가치가 평가되는 사회, 그러다 보니 사회는 온통 소유물 확보를 위한 이전투구의 장이 되어가는 게 아닌가 한다. 소유하기 위해 물신에 팔아버린 인간성, 마치 우리 사회는 메피스토펠레스에게 영혼을 팔아버린 파우스트들 같다.

우리가 이 오묘한 세상에 하나의 독존적 생명체로 던져졌을 때에는 존재의 고귀함과 함께였다. 그런데 그 고귀함은 온데간데 없고 오로지 물신에 의해 평가되고 있다. 주객이 전도되었어도 한참 된 이런 상태라면 과연 인간 존재의 의의는 어디에서 찾을 것인가?

세상은 어떤 패러다임으로 바라보느냐에 따라 달라진다. 세상을 이해관계의 틀로 본다면 세상이 모두 돈으로 보일 것이요, '자연' 의 틀로 본다면 세상 만물이 모두 은인으로 보일 터이다. 같은 상황을 놓고 투쟁의 산물인 돈으로 보느냐, 살아있는 모든 것과의 공존을 추구할 수 있는 삶의 은인으로 보느냐 하는 것은 백지장 한 장 차이이지만 그 결과는 엄청나게 달라진다.

어느 큰스님은 '인간이 잘사는 길은 있고 없음의 두 극단을 여의는 것' 이라 했다. 우리 범인들로서는 좀체로 실천할 수 없는 덕목이지만 적어도 세상 어느 곳에선가는 그 맑은 힘이 작동해 나가야 되지 않을까.

희망없는 세상을 희망없이 통과하는 것은 우리 문인들에겐 직무유기나 다름없을 터. 우리 회원들은 그 맑은 힘을 추동하여 확장된 소유욕으로 가려졌던 한 시대의 단절된 언어를 소통으로 이끌어내고, 물질만능에 밀려 사회 외곽에서 겉돌았던 우리들의 고귀한 정신을 다시 사회 안쪽으로 깊숙이 들여놓을 일이다.

더 이상 물신이 정신을 지배하는 그런 사회가 되어서는 안 될 터이다. 새해엔 인간의 존엄성과 사회적 책임을 무시한 채 물질로써 성채를 견고히 한 '잘난' 사람들이 물러나고 이기적인 탐욕을 버리고 순일한 정신으로 이웃과 더

불어 추구하는 사람들이 사회의 중심축으로 옮겨 앉는 사회가 되었으면 하는 간절한 바람이다.

–≪다르마≫ 6호, 2003.

자연과 더불어 사는 삶

을유년 새해가 밝았습니다. 새로운 희망과 각오를 다지는 새해입니다. 그러나 새해라고 쓰면서 자꾸 부끄럽고 쑥스러운 생각입니다.

'다르마' 가 갑신년 지난해에 얼굴을 보였어야 했는데 해를 넘기고, 작품마저 한 편도 내놓지 못하고 앞엣글을 쓰려니 뒤통수가 자꾸 가려워집니다.

감기로 한 달여나 방구석에 처박혀 지내다가 답답해 집을 나섰습니다. 그날은 날씨가 풀려서 제법 따뜻하기까지 했습니다. 넓은 길은 차들이 설치고 다니기 때문에 차가 다닐 수 없는 골목길만 골라서 그냥 걸었습니다. 평소에도 많이 거닐었던 길입니다. 그 골목은 집집마다 나무들이 울창해서 여름이면 숲길을 걷는 것처럼 아늑했습니다. 넝쿨장미며 능소화가 담을 넘어와 웃음을 보내고 감나무랑은 손을 내밀어 반기곤 했으니까요.

그뿐인가요. 측백나무로 울타리를 한 곳은 참새들의 놀이터이기도 했습니다. 참새들이 십여 마리씩 길에 내려와 통통통 뛰어다니며 먹이를 찾다가 사람이 지나가면 포르릉 측백나무 숲으로 날아올랐다가 몇 발짝만 지나면 겁도 없이 다시 우르르 내려와 먹이를 쪼는 모습을 보았습니다. 나는 참새들을 쫓게 될까봐 선뜻 지나가지 못하고 살금살금 뒷걸음질을 쳐야 했습니다.

오늘은 골목이 휑했습니다. 무심히 지나치다가 주위가 삭막한 느낌이 들어 둘러보았습니다. 겨울이라 이파리들을 떨궈서 그렇겠거니 하면서도 뭔가 허전한 느낌이어서 다시 한번 두리번거려 보았습니다.

집안 가득 울창했던 측백나무가 무참히 잘려나가고 담장이 높아져 있었습니다. 기분이 썰렁해져 빠르게 그 골목을 빠져나와 가끔씩 찾았던 어느 학교로 향했습니다.

교문에 들어서면 진입로 양편으로 히말라야시다가 죽 늘어서서 숲터널을 만들어 반겨주던 곳입니다.

교문에 들어서자마자 깜짝 놀랐습니다. 숲터널이 휑했습니다. 우듬지는 모두 잘리고 큰 가지들 몇씩만 남아 을씨년스럽게 서 있는 게 아닙니까. 수형에 맞게 전지剪枝된 것이 아니고 거치적거리는 곳은 사정없이 잘라 버렸습니다. 테니스장 쪽으로 뻗은 다섯인가 여섯 그루는 아예 수직으로 몸통에서부터 잘라버렸습니다.

문득, 인간들의 이기심이 미운 생각이 들었습니다. 모든 것을 정복하고 지배해야 직성이 풀리는 인간들의 이기심과 브레이크 없이 질주하는, 욕망이라는 차를 타고 달리는 인간 군상들.

짓고, 부수고, 잘라내고, 뚫고, 덧칠하고……. 사람들은 이런 일련의 일들을 너무 쉽게 생각하는 것은 아닌지요. 그저 편하고 쉬운 것만 추구하고 있으니……. 가지를 자르기 전에 그쪽으로 자라지 않게 한쪽을 묶어 놓았더라면

그렇게 무참하게 자르지 않아도 되었을 텐데. 더욱이 그곳은 교육이 이루어지는 곳이 아닌가요.

그러고 보면 우리는 자연과 더불어 살아오신 조상들의 지혜를 잊고 편하고 쉽게만 사는 것에 아예 젖어 있는 것은 아닌가 하는 생각이 듭니다. 자연을 사랑하는 경쟁에서만 지지 않는다면 그 인생은 결코 뒤지지 않은 인생이라고 한 어느 글귀가 새삼 의미심장하게 다가옵니다. 자연을 훼손하지 않고 자연과 더불어 살 때 비로소 참삶이 이루어지는 그 지혜를 다시 한번 되새겨 봅니다.

이기심을 조금은 줄이고 겸허하게 자세를 낮추어 더불어 사는 삶, 아마 불심이 아닌가 생각하고 있습니다.

-≪다르마≫7호, 2004.

연蓮 예찬

여름이 무르익으면 가끔씩 덕진연지에 가서 연꽃을 만나고 온다. 그때마다 미당 서정주 선생의 〈연꽃 만나고 가는 바람같이〉가 떠오르곤 한다. 이 시를 읊조리다 보면 넉넉하고 여유롭고 푸근한 마음이 된다.

섭섭하게/ 그러나/ 아주 섭섭지는 말고/ 좀 섭섭한 듯만 하게// 이별이게/ 그러나/ 아주 영 이별은 말고/ 어디 내생에서라도/ 다시 만나기로 하는 이별이게// 연꽃/ 만나러 가는/ 바람이 아니라/ 만나고 가는 바람같이// 엊그제/ 만나고 가는 바람 아니라/ 한두 철 전/ 만나고 가는 바람같이

-〈연꽃만나고가는바람같이〉 전문

지난밤에는 열대야 때문에 뒤척이다가 딸네 식구들을 데리고 연못을 찾았다. 우리 식구들만 연못에 나온 줄 알았는데 젊은 데이트족은 물론 청장년이며 중년, 노인들은 말할 것도 없고 꼬마들까지 더해서 시민들이 다 나온 것 같

았다. 거짓말 좀 보태면 발 디딜 틈이 없을 정도였다.

교통사고로 다리를 다쳐 목발을 짚고 움직이려니 여간 불편한 게 아니었다. 어렵사리 자리를 잡고 보니 옆 자리에 뜻밖에 K박사와 친구분 한 분이 앉아 있었다.

얘기를 나누다 보니 자연스레 연꽃 예찬이 나왔고 주거니 받거니 하는 동안 시간 가는 줄 모르고 두세 시간을 보냈다.

연꽃은 10가지 덕이 있다고 한다.

첫째, 진흙탕에서 자라지만 진흙에 물들지 않는 고고함이 있고(離諸染污),

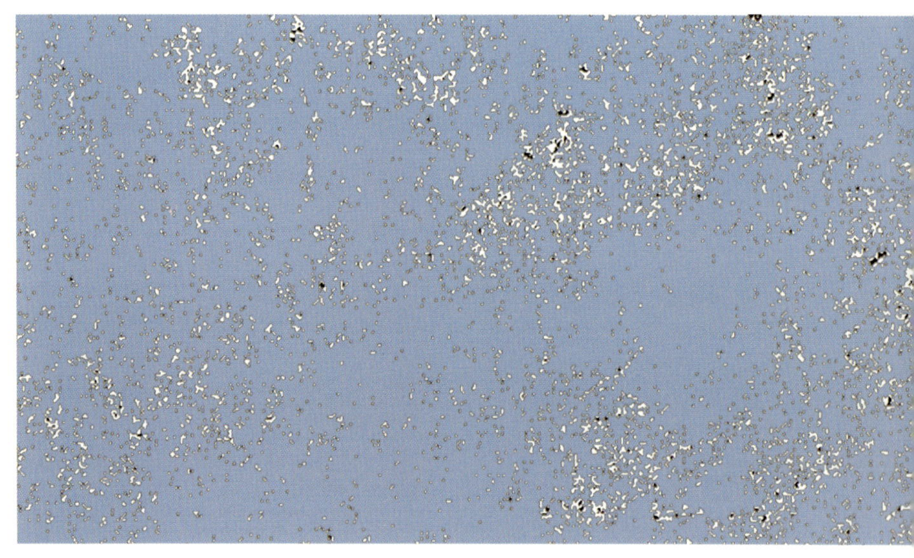

불여악구不與惡俱라 해서 연잎 위에는 한 방울의 물도 머무르게 하지 않아 깨끗함을 유지하고,

연꽃이 피면 뿌리의 진흙, 시궁창 냄새는 없고 향기만 연못에 가득하고(戒香充滿),

연은 어떤 곳에서 자라도 푸르고 맑은 줄기와 잎을 유지해 청정함을 잃지 않는다고 한다(本體淸淨).

면상희이面相喜怡라 해서 연꽃의 모양은 둥글고 원만하여 보고 있으면 절로 마음이 즐거워지며,

또한 연꽃의 줄기는 부드럽고 유연하여 바람이나 충격에도 좀처럼 부러지

지 않는 유연하고 융통성이 있고(柔軟不澁),

견자개길見者皆吉이라 해서 연꽃을 꿈에 보면 길하다고 한다.

그리고 연꽃은 피면 필히 열매를 맺는데 이를 개부구족開敷具足이라 하며,

성숙청정成熟淸淨은 연꽃이 만개했을 때의 색깔이 곱기로 유명하며 몸이 맑아지고 포근해짐을 느끼게 된다.

열 번째로 연꽃은 날 때부터 다르다. 넓은 잎에 긴 대, 굳이 꽃이 피어야 연꽃인지를 확인하는 것이 아니라 싹부터 다른 꽃과 구별된다.

K박사는 10가지 덕성 중에도 특히 불여악구不與惡俱를 첫 번째로 꼽았다. 물이 연잎에 닿으면 그대로 굴러 떨어질 뿐 물방울이 지나간 자리에 어떤 흔적도 남기지 않듯이 악과 거리가 먼 사람, 악이 있는 어떤 환경에서도 결코 악에 물들지 않는 사람이 있다면서 이런 사람을 연꽃처럼 사는 사람이라고 연에 비유했다.

그리고 한 자루의 촛불이 방안의 어둠을 가시게 하듯 한 송이의 연꽃은 진흙탕의 연못을 향기로 채운다면서 한 사람의 인간애가 사회를 훈훈하게 만들고, 고결한 인품은 그윽한 향을 품어서 사회를 정화시킨다고—.

또한 생이유상生已有想이라 해서 연꽃은 날 때부터 연꽃의 특성을 그대로 간직하고 자라는데, 사람 중에도 어느 누가 보아도 존경스럽고 기품이 있는 사람이 있다. 옷을 남루하게 입고 있어도 그의 인격이 남루한 옷을 통해 보여지는 사람, 이런 사람을 연꽃 같은 사람이라 아니할 수 없다고 했다.

K박사의 해박한 연꽃 예찬을 들으면서 나는 부끄러워 자꾸 작아진다. 무엇

하나 내세울 것 없이 살아온 날들이 너무 부끄러워 뒤통수만 자꾸 만지작거렸다.

서로들 연꽃 예찬은 끝이 없이 계속되었다. 보통 불교의 꽃으로만 알고 있는 연꽃은 옛날 유교에서는 순결과 세속을 초월한 상징이었고 민간에서는 귀한 아들을 연이어 얻는다 해서 복을 비는 대상이 되기도 했다고 한다. 이는 일상 식물들은 꽃이 먼저 피고 그 꽃이 져야만 열매를 맺는 데 비해 연꽃은 꽃과 많은 열매가 동시에 생장하는 생태적 속성 때문으로 알려졌다는 것이다.

연꽃은 동양에서만 최고의 꽃으로 여겨진 것이 아니라 고대 이집트 같은 곳에서는 연꽃이 태양의 상징으로 신성시되었다고 한다. 기원전 2천7백 년경 프르넵 왕의 분묘 벽면에 연꽃을 그릇에 꽂은 모습이 조각되어 있다고 하는데, 그 이후 벽화에는 손에 연꽃을 든 여자들의 모습이 많이 보인다고 하며 국왕의 대관식에는 파피루스와 함께 신에게 반드시 바쳐지는 꽃이라고 한다. 현재는 이집트의 나라꽃이 연꽃으로 되어 있기도 하다.

관상용이나 식용으로 많이 재배하는 이 연은 수련과의 다년생 수생식물로 뿌리가 물 아래 흙속에 있고 줄기는 물 깊이에 따라 길이가 조절되어 물 위로 올라와 잎과 꽃이 핀다.

연꽃의 학명 님프(Nymph)라는 단어는 요정을 뜻한다. 옛날 그리스 여신에게 아름다운 딸이 셋 있었는데, 큰딸은 물의 신이 되고자 하여 큰 바다의 수신水神이 되고 둘째 딸은 물을 떠나지 않겠다 하여 내해內海의 신이 되고, 막내딸은 여신의 명대로 따르겠다고 하여 샘물의 여신이 되었단다. 막내딸은 여름이 되면 아름답게 치장을 하고 수련꽃으로 피어난다고 한다. 그래서 수련은 워터님프(Water nymph)라는 이름을 얻었단다.

우리 세 사람의 얘기는 끝없이 계속되었다. 재배는 어떻게 하고 결실기는 언제고 뿌리는 어떻게 요리해 먹고 줄기의 약효는 어떻고, 연실蓮實은…. 등등 끝 간 데가 없다 보니 이날 저녁 열대야는 까맣게 잊고 말았다.

–≪다르마≫ 10호, 2007.

오토바이와 나

오토바이는 절대 타지 마라고 식구들은 물론 만나는 사람마다 성화다. 그도 그럴 것이 오토바이를 타다가 세 번이나 교통사고를 당했으니……. 한번은 갈비뼈에 금이 가고, 또 한번은 어깨뼈가 부러지고, 지난해에는 다리가 골절되는 중상을 입고 병원에서 몇 달을 보냈다. 이렇게 혼쭐이 났으니 오토바이라면 정나미가 떨어져 다시는 탈 엄두가 나지 않아야 하는데 그렇지가 않으니 문제다.

오토바이를 타게 된 것은 나이 40이 되면서 병을 앓고 난 후부터다. 차를 타면 심한 멀미가 일어나 처음엔 자전거를 타기 시작했다. 그 얼마 후 오토바이를 타보니 여러모로 장점이 많아 줄곧 지금까지 30년 가까이 지내온 것이다.

우선 시간상으로 급할 때에는 오토바이가 최고다. 내가 사는 전주는 명색이 도청 소재지인데도 이쪽 끝에서 저쪽 끝까지 가는 데 20분 정도면 너끈하다. 물론 곡예사를 방불케 하는 그런 위험한 고속운전이 아닌 30~40㎞로 느긋이 달리는데도 그렇다. 또한 오토바이가 편리한 점은 주차장을 찾을 필요가

없다는 것이다. 요즘처럼 주차전쟁이 치열할 때 아무 곳에나 세워두면 그곳이 바로 주차장이 되니 얼마나 홀가분한가.

옛날에 십대들은 매를 훈련시켜서 꿩을 사냥하는 것이 주된 놀이이자 취미였고, 혈기방장한 이십대에는 말을 타면서 젊음을 발산했다. 삼십대에 들어서는 술맛을 알았고, 사십대에 들어가서야 비로소 색을 알았단다. 오십대에는 난을 키우면서 그 향기를 음미했고, 육십대에는 배신을 하지 않는 무정물인 수석에 관심을 가졌다.

옛날 이십대들이 타고 다니던 말이 현대 오토바이 정도가 되지 않을까 싶다. 휘발유만 가득 채우면 하루 종일 달릴 수 있다. 이쯤 되면 ≪삼국지≫에 나오는 여포가 타고 다녔던 '적토마' 보다 훨씬 성능이 좋을 성싶다. 하긴 가고 싶으면 아무 때나 마음대로 오갈 수 있으니 적토마에 비할 것인가.

흔히 오토바이 하면 젊은 사람들이나 타고 다니는 위험한 기물 정도로 알고 있다. 그러나 반드시 그렇게 생각할 일만은 아니다. 위험하기로 치자면 자동차는 위험하지 않단 말인가. 날마다 신문지상이며 텔레비전을 장식하는 교통사고가 그렇지 않은가. 문제는 자동차도, 오토바이도 조심만 하면 위험하지 않다. 내가 세 번이나 사고를 당한 것을 냉정히 되돌아보면 순간의 방심이나 자만이 원인이었지 않나 싶다. 물론 상대방의 과속과 법규위반이 직접적인 원인이었지만 내가 조금만 더 조심했더라면 하는 아쉬움이 남는 것 또한 사실이다.

오토바이는 나의 애마이다. 오토바이에서만 느낄 수 있는 시원, 화끈한 매력을 떨칠 수 없기 때문이다.

오토바이는 바람이다. 바람. 그래, 바람을 맞으며 달려본 사람은 안다. 얼마나 가슴속까지 시원해지는지를. 그때의 그 자유함이라니…….

신라의 화랑도들은 명산대천을 유람하면서 호연지기를 길렀다. 아마 그들도 산과 들에서 바람을 맞으며, 온 세상이 내 품에 안기어 오는 환희를 느끼지 않았을까. 그래서였는지는 몰라도 화랑도의 정신을 풍류도風流道라 불렀다.

그런 면에서 보면 스트레스 해소에 오토바이가 한몫한다는 말도 일리가 있지 싶다. 실제 내가 경험한 바로는 느린 속도로라도 시내를 한 바퀴 돌고 오면 가슴이 시원하게 뚫리고 스트레스는 간 곳이 없다.

어느 책에서 본 말이 떠오른다. 바람을 많이 맞으면 가슴이 열리는데 요가에서는 인체의 네 번째 차크라인 '아나하타' 차크라는 바람을 상징한다고 한다. 그물에 걸리지 않는 바람의 작용을 명상할 때 '아나하타' 차크라, 즉 가슴이 열린다고 한다.

자가당착적인 해석인지는 몰라도 나야말로 바람의 자유를 실감하고 있는 '신풍류도' 라 할 수 있지 않을까.

손주들도 제 엄마나 아빠가 태워주는 승용차보다 이 할애비가 태워주는 오토바이를 서로 타겠다고 야단법석을 떤다. 오토바이 앞자리에 태워주면 신이 나서 만세를 부르곤 한다.

이제 칠순에 접어드는 나이에 십대나 이십대 폭주족처럼 위험하게 속도를 내서 달리지는 못한다. 조심스럽게 3~40㎞ 내외면 족하다.

그런데, 그런데도 말이다, 이 매력 덩어리를 멀리하라고 주위의 압력이 너무 거세서 요즘은 오토바이를 마굿간에다 매놓은 채 바라만 보고 있다. 그뿐인가. 차를 직접 운전하면 멀미 같은 건 하지 않으니 방향을 바꾸라고 꼬드기기까지 하니 진퇴양난이다. 어찌할 것인가—. 어디 한번 공청회라도 열어야 할꺼나?

—≪다르마≫ 11호, 2008.

문경지교刎頸之交를 꿈꾸며

우리 불교문학회는 문학에 뜻을 같이하는 문학모임이면서도 부처님의 가르침을 받들어 한 길을 가고자 하는 도반들의 모임이다. 그래서 우리의 모임은 더욱더 허물없이 교제하는 다정하고 끈끈한 정을 나누는 친구들이어야 한다는 생각이다.

친구에 얽힌 고사성어가 몇 떠오른다. 관포지교, 문경지교, 수어지교, 금석지교, 금란지계, 단금지계, 막역지우 등.

관포지교란 말은 중국 춘추시대 제나라의 관중과 포숙아가 서로를 깊이 이해했으며, 이해利害를 초월한 교분을 나눈 데서 나온 말이다. "나를 낳아 준 이는 부모이지만 진정으로 나를 알아준 것은 포숙아이다."라고 관중管仲이 포숙아鮑淑牙에 대한 감사의 마음을 이렇게 술회했다. 세상 사람들은 이러한 두 사람의 교분을 훌륭하다고 칭송했다.

문경지교는 ≪사기史記≫에 나오는데 이에 의하면, 인상여란 사람이 때를 얻지 못해 어느 사람 밑에서 밥을 얻어먹고 있다가 그의 추천으로 혜문왕으로부터 신임을 얻게 되었다.

조나라 혜문왕은 강대국 진秦왕으로부터 당한 수치를 회복시켜 준 인상여에게 최고의 관직인 우상右相에 앉히고 무관인 염파廉頗를 좌상으로 하여 함께 국사를 보도록 했다.

염파는 백전백승의 노장군으로 조나라를 위해서는 만리장성 같은 존재였다. 그런데 그를 좌상에 두고, 두각을 나타낸 지 불과 3년밖에 안 되는 인상여를 우상에 앉혀 놓았으니 지기 싫어하는 무관의 마음이 편할 리 없었다. 그리하여 어떻게 하면 그를 칠 수 있을까 구실을 찾는 데 혈안이 되었다. 그러나 인상여는 항상 그를 피하여 식객들에게 염 장군 집 사람과 다투지 말도록 부탁했다.

어느 날 인상여의 식객들이 회의를 열고 인상여의 문하를 떠나기로 결정했다. 그 소식을 들은 인상여가 까닭을 물었다. 이유인즉 염파를 밤낮 피해만 다니는 꼬락서니가 마음에 안 들어 그만 떠난다는 것이었다.

인상여는 그들에게

"염 장군과 진왕과 어느 편이 더 무섭겠소?"

"그야 물론 진왕이지요."

"진왕을 무서워하지 않는 내가 왜 염 장군을 무서워하겠소?"

"그러기에 우리가 하는 이야기가 아닙니까?"

"다른 이유가 있는 것이 아니오. 진나라가 우리나라를 감히 넘보지 못하는 것은 염 장군과 나, 두 사람이 있기 때문이오. 그런데 우리 두 사람이 싸우게 되는 날이면 둘 중의 하나가 상하게 될 것이오. 내가 그를 피하는 것은 나라를

위해서지 그가 겁이 나서 그런 게 아니오. 그러니 여러분들은 내 뜻을 받들어 나라를 위해 작은 분을 삭이도록 해주시오."라고 하였다.

이리하여 그 소문이 필경은 염파의 귀에 들어가게 되었다. 염파는 무장이었다. 그리고 정의감이 굳센 대장부였다. 그는 곧 매를 한 다발 짊어지고 웃옷을 벗고 인상여의 집 뜰 밑에 가서 엎드려 사죄했다.

"내가 못나서 대감의 높은 뜻을 헤아리지 못했소. 나에게 벌을 주시오."

그날부터 두 사람은 문경지교를 맺었다고 한다.

우리 불교문학회도 관포지교와 문경지교 같은 교분을 가져야 되지 않겠는가 하고 새해를 맞이하여 다짐해 본다.

—≪다르마≫ 12호, 2008.

동백꽃 사연

화단의 동백꽃이 미소를 머금고 있다. 어젯밤에 내린 눈을 머리에 그대로 인 채 빠알간 입술을 오므리고 있다. 부끄럼을 타는가, 벌써 열흘도 넘게 그저 미소만 보일락 말락 띤 채 얼굴을 들지 못하고 있다. 아직 활짝 웃지 못하는 건 동장군의 시샘 때문인가. 머지않아 봄바람이 살랑살랑 얼굴을 간질일 때에야 웃으려나 보다.

동백나무를 화단에 심게 된 아픈 사연. 3년 전인가, 아니 4년 전인 것 같다. 화사하게 활짝 웃고 있는 동백화분을 선물로 받고 아내와 나는 번갈아 물을 주며 좋아라 했다. 꽃에만 눈을 파느라 기르는 법도 자세히 익히지 않은 채 그저 물만 주면 되는 줄 알고 내가 나가면서 한 번, 아내가 들어오면서 한 번, 이렇게 들랑거리면서 물기가 없는 것 같으면 듬뿍듬뿍 물만 부어줬다. 그러다 얼마 후 나무가 시들한 것 같아서 가만히 살펴보니 뿌리가 썩어가고 있었다. 그때서야 물을 너무 자주 준 데 원인이 있는 것 같아 다른 화분들 사이로 옮겨 놓고 물을 가끔씩 주었다.

아내가 야생화 키우기에 심취해서 틈만 나면 버려진 화분이며 쓸 만한 함지박 같은 것을 주워 오고 새벽이면 자전거를 끌고 나가 흙을 날라다 야생화를 심어 집안엔 이런 저런 화분이 곳곳에 넘쳐나게 되었다. 그런 화분들 사이로 옮겨진 것이다.

다른 꽃들은 물을 하루 이틀 안 주면 고개를 떨구고 축 늘어진 몰골로 물을 달라고 애원하는 애처로운 모습인데 동백은 몇 날 며칠을 굶어도 힘을 과시하듯 싱싱하고 팔팔하여 아무래도 선인장처럼 물을 많이 주어서는 안 되는 게 아닌가 하는 생각이 들 정도였다.

그러자 이번에는 물 주는 것을 빠트리기 일쑤였다. 나는 아내가 주었겠거니 하고, 아내는 반대로 생각해 건너뛰었기 때문이다. 시간을 다투는 바쁜 일이 들어오면 밤샘을 할 때가 많았다. 아내는 초저녁잠이 많아 일찍 자고 새벽같이 일어나고, 나는 거꾸로 꼬박 밤을 새우고 일찍 일어난 아내와 배턴 터치를 했다. 그러다 보니 화분을 돌보는 일이 자연 뒷전으로 밀려나 꽃나무들이 배배 꼬일 정도가 될 때에야 눈에 띄게 되어 물을 주곤 했다.

선인장을 제외한 다른 꽃나무들은 거의 아사 직전인데도 동백은 왜 그리 싱싱한지—. 생명력이 대단히 강하다고만 짐작하면서 지나쳐 버리고 말았다. 아니지. 멍청할 정도로 동백의 생리에 대해선 아주 둔했다, 김유정의 소설 〈동백꽃〉에 나오는 주인공처럼—. 점순의 사랑고백 행동을 전혀 눈치채지 못하고 닭을 괴롭힌 것만 분해하는 주인공. 우직하고 바보스럽고 둔하고 무식하지만 순박한 농촌 사람들의 삶을 애정 어린 눈으로 그려낸 소설 속의 그 주인공보다 더 아둔했다.

파릇파릇 싱싱한 겉모습만 보고 지나친 날이 얼마나 흘렀던가. 어느 날 문득 동백에 물을 주다가 잎에 먼지가 많이 앉아 있어서 먼지를 털며 만져보니 부드러워야 할 이파리가 바싹 말라 있었다.

누가 관심을 사랑이라 했던가, 아니 사랑이 관심이라 했던가. 아무튼 풀 한 포기 가꾸는 데도 애정으로 보살펴야 한다는 걸 뒤늦게 깨달으며 무관심을 자책했다.

다음해 식목일을 전후해서 길거리에 동백화분이 눈에 띄었다. 예년에는 유

실수가 대부분이었는데－. 동백화분을 보니 반가워서 작년 것과 비슷한 크기의 꽃이 벙글어진 놈으로 사왔다. 사오자마자 화단에 심었다, 자연 상태로 심어주면 별 탈이 없겠거니 하고.

초여름 무렵, 화단에 심어놓은 동백을 무심코 보다가 깜짝 놀라 아내를 불렀다. 아직 봄이 다 가지도 않았는데 조그만 꽃망울이 보이는 게 아닌가. 그렇다면 여름에 꽃이 피려는가?

아내는 활짝 웃으면서 꽃눈과 잎눈도 구별하지 못하느냐며 핀잔을 준다.

"이거 봐. 분명히 꽃망울 맺힌 거 맞잖아? 뾰족하지 않고 타원형이잖아－."

"당신이 가리킨 것은 잎눈이고 이쪽이 꽃눈이에요."

"무슨 소리야? 분명히 꽃눈인데…. 그럼 내기할까요?"

"그래요. 그럼 진 사람이 뭐해 줄 건데?"

"내가 지면 동백꽃으로 유명한 오동도를 구경시켜 주지."

내기에 내가 지고 말았다. 일에 쫓겨 잊어버리고 있다가 언젠가 보니 타원형에 가까웠던 것이 한 켜씩 이파리를 펴 나가고 있었고 다른 것은 조금씩 둥글어지면서 꽃을 잉태해 키워나가고 있었다.

비바람, 눈서리 모진 겨울을 이겨내고 붉게 피워내는 꽃. 그걸 초여름부터 준비하는 치밀한 자연의 법칙에 다시 한번 숙연해졌다.

차나무과에 속하는 늘 푸른 키나무. 산다화山茶花라고도 부르는 동백. 다른 식물들이 활동하지 않은 겨울에 타는 듯 붉은 꽃을 피우는 정열의 꽃.

아내와 그때 한 약속을 지키지 못한 채 오늘 혼자 동백을 망연히 바라본다.

－≪계간문예≫ 2006, 봄호.

만남

그래요. 우리 삶은 만남의 연속으로 이루어지는 것이 아닌가 싶어요. 첫 번째로 만나는 것이 부모님이고요, 다음은 형제자매, 그리고 학교에 입학하면서부터는 선생님과 친구들을 만나지요. 이후로 중학교, 고등학교, 대학 과정까지 마치는 동안 셀 수도 없이 많은 만남이 이루어지지요. 그뿐인가요. 애인을 사귀고 결혼을 하고 사회에 나가지요. 어느 것 하나 만남 없이 이루어지는 것이 있던가요. 눈 뜨고 일어나면 만남이지요. 그래서 '인간은 사회적 동물'이라고 그랬나 봐요.

서로에게 영향을 주고받는 이 만남. 이 만남이 우리에게 얼마나 큰 영향을 줍니까. 누구나 살아가면서 알게 모르게 내게 영향을 준 몇 사람을 만나지 않았을까 생각됩니다. 유명한 분들이 누구를 만나서 어떻게 성공했고, 또 어떻게 불행했는지 하는 일화는 들을 필요가 없을 것 같아 제 얘기만 할랍니다.

제겐 가장 먼저 떠오르는 분이 어머니입니다. 학교 다닐 때 삼십 리나 되는 먼 길을 통학했는데, 아침 다섯 시에 일어나서 밥을 지어주시고 오 리 가량을 따라 나와 잘 다녀오라며 손을 흔들어 주셨지요. 하교할 무렵에는 하루도 거르지 않고 마중 나오셨던 어머니. 어느 날 전재산을 사기당하자 생활전선에 나서서 자식들을 거두어 주신 어머니. 한없는 어머니의 사랑과 희생은 저희들 가슴에 등불로 남아 갈 길을 밝혀주고 있습니다.

다음으로 생각나는 분이 정 선생님입니다. 초등학교 때 글 잘 쓴다고 칭찬해 주셨지요. 선생님께서는 손수 철판에 철필로 글씨를 쓰시고 그걸 등사해서 학급 문집을 만들어 주셨지요. 내 글이 두 편이나 실린 문집을 들고 집까지 2킬로를 뛰어 숨을 헐떡이며 어머니에게 자랑했지요. 그때는 어린 마음에 세상을 다 얻은 듯했습니다. 오늘날까지 문학을 좋아하고 그게 좋아 책을 출판하는 일까지 하게 된 것은 이제는 이름도 잊은 정 선생님의 그 칭찬 때문이 아니었나 가끔씩 생각합니다. "인간이 가진 본성 중에서 가장 강한 것은 타인에게 인정받기를 갈망하는 마음이다."라고 한 어느 심리학자의 말에 고개가 끄덕여지기도 합니다.

빼놓을 수 없는 한 사람이 있습니다. 내 아내 황의순. 황홀한 만남이었습니다. 손 한번 잡아보지 않고도 만나면 그저 즐거웠지요. 몇 년을 그렇게 퇴근 후에 만났습니다. 요즘 젊은이들은 그런 연애가 어디 있느냐고 코웃음치겠지요.

몇 년을 서로 좋아 만나면서도 저는 결혼하자는 소리를 하지 못했습니다. 그때 저는 남동생과 여동생 셋을 부양하는 청년 가장이었습니다. 더구나 셋방살이를 하고 있어서 쥐꼬리만 한 월급 가지고는 행복하게 해주겠다는 말을 할 수가 없었습니다.

그러면서 세월은 자꾸 흘렀지요. 저는 말을 꺼내지 못하고 우물거리고만 있었지요. 아내는 얼마나 답답했겠어요. 행복하게 해줄 자신이 없으니 그만 만나자고 결단을 내려야 한다고, 이성적으론 그렇게 생각하면서도 감정은 어디 마음대로 됩니까. 몇 년을 만나 사랑을 키워왔는데……. 헤어지자는 말은 안 나오고 그렇다고 결혼해 같이 고생하자는 말도 나오지 않더군요.

나이가 차 가니 아내 집에서는 난리가 났던 모양입니다. 가난뱅이에다 시동생, 시누이가 줄줄이 딸린 집엔 절대 시집보낼 수 없으니 만나지 말라고 날마다 다그친 모양입니다. 고생할 것이 불을 보듯이 뻔한데 그런 사람과 만나라고 할 사람이 있겠습니까. 저라도 극구 말렸겠지요.

어느 날이었습니다. 보따리 두 개를 들고 아내가 저의 집에 나타났습니다. 여기서 살려고 집을 나왔다는 것입니다. 반갑고 기쁘기도 하면서 걱정도 되었지요. 이렇게 아내의 용기 있는 결단으로 우리는 부부가 되었습니다.

말할 것도 없이 처갓집에서는 난리가 났지요. 날강도가 귀한 딸을 꼬여냈다……. 그러나 어찌하겠습니까. 딸을 데려갈 수도 없고 하니 결혼식을 서둘렀지요. 다음 해 5월에 날을 받아 결혼 준비를 서둘렀지만 저는 할 것이 아무것도 없었습니다. 가진 것이라곤 달랑 몸뚱이 하나뿐이었으니까요. 장모님께서 준비할 것이 있으니 나오라고 하셨습니다. 저는 아무것도 해줄 수가 없으니 아무것도 받지 않겠다고 버텼습니다. 무슨 배짱이었는지 딸만 주시면 된다고 어깃장을 놓은 것입니다. 장모님은 어처구니가 없었던지 그러면 딸을 절대 보내주지 않겠다고 엄포를 놓으셨지요. 고집을 꺾지 않으셔서 별수 없이 양복 한 벌만 해주시라고 하고 결혼식을 올렸습니다. 그렇게 신접살림이 시작되었지요.

그 뒤로 쥐꼬리만 한 월급으로는 미래를 설계할 수 없어 사업이랍시고 일을 벌여 놓고 많은 고개를 넘어왔지요. 아내를 만나지 않았더라면 샐러리맨으로 지금껏 살아왔겠지요. 어려운 고비마다 아내가 직접 나서서 힘을 보태주고 격려해 주어 신아출판사의 오늘이 있는 것입니다. 이만하면 만남의 중요성이 강조되었나요.

만남. 좋은 만남이야말로 우리들의 삶에 용기를 주고 사랑과 행복을 주는 보물이라고 말하고 싶습니다. 아내를 자랑하는 팔불출이 되었습니다만 저는 이 만남이 살아오는 동안 얼마나 감사한 만남인지 아내가 가고 난 뒤에서야 깨달았습니다. 뒤늦은 후회이지만 이 복된 만남을 기억하기 위해 아내 이름으로 문학상을 하나 만들었습니다. 욕을 먹을 수도 있는 일이지만 저는 아내와의 만남을 영원히 기억하고 싶었을 뿐입니다.

그래요. 만남이야말로 일생을 좌지우지하는 중요한 일이 아닐까요.

-≪전북문단≫66호, 2012.

삼십 리 통학길

학창시절 하면 맨 먼저 어머니의 새벽밥과 날마다 배웅하고 마중 나오시던 자식 사랑하는 마음과 삼십 리 먼 통학 길이 떠오른다. 그때는 자가용은 물론 없었고 버스도 다니지 않았다. 달구지만 가끔씩 신작로를 지나다녔다.

순창군 구림면 운남리 남정마을. 육이오사변으로 면 전체 마을이 소각된 곳이다. 회문산 자락에 위치한 구림면・쌍치면・복흥면은 갈 곳을 잃은 빨치산들이 회문산을 소굴로 삼고 준동해 동족상잔의 피해가 가장 컸던 곳이다.

수복이 된 뒤에도 집이 불타버렸기에 사람들은 우선 얼기설기 오두막집을 짓고 돌아오기 시작했다. 미처 돌아오지 않은 친구들이 많아서 초등학교를 졸업할 때는 여학생 세 명과 남학생 열세 명, 모두 열여섯 명이 졸업했다. 사변 전에는 전교생이 7백여 명이 넘는 학교였는데 사변 직후에는 요즘 시골 학교처럼 합반 수업도 하고 그랬다. 학교 건물만 소실되지 않았을 뿐 책걸상은 하나도 남아있지 않았고 유리창도 다 깨져서 문종이를 바르고 교실 바닥에 앉아 공부를 했다.

졸업을 한 후 시험을 치르고 중학교에 입학을 했다. 순창 읍내까지 두 시간을 걸어서 학교에 가고 다시 두 시간을 걸어서 집에 돌아와야 했다. 아침 다섯 시 반이면 어머니가 차려준 밥을 먹고 집을 나섰다. 어머니는 동네 앞 탑거리까지 따라 나와 손을 흔들면서 잘 다녀오라고 하시고는 한참을 그 자리에 서 계셨다. 뒤돌아보면 안 보일 때까지 서 계셔서 나는 빨리 앞으로 갔다가 되돌아서 어머니가 가셨는가 보곤 했다.

우리 동네에는 나 혼자만 중학교에 입학해서 같이 다닐 친구나 선배가 없었다. 학교에 가려면 산길이 무서워 이웃 동네와 만나는 길에까지 가서 선배들을 기다렸다가 같이 등교했다. 오레기재(고개)부터는 산에 나무가 울울창창해서 하늘이 거의 보이지 않았다. 산골짜기에서 조금만 내려가면 알 수 없는 뼈들이 많이 발견되었는데 사변통에 많은 사람들이 그곳에서 죽었다고 했다. 그 길을 혼자 갈 때는 뒤에서 뭐가 쫓아오는 것 같아 소름이 돋았다. 알지 못하는 새소리에도 깜짝깜짝 놀라서 땀이 버썩버썩 났고 무서움을 이기기 위해 노래를 고래고래 부르면서 달음질치듯이 걸었다. 등교할 때는 이웃 선배들과 같이 갈 수 있어서 걱정이 없었으나 오후에는 선배들의 늦은 하교시간을 기다리느라 나도 자연히 귀가가 늦었다.

한 학년이 지나고부터 트럭들이 구림면 산골까지 줄을 이어 드나들었다. 온 산에 가득한 소나무를 베어 트럭으로 실어냈던 것이다. 그 차들은 하교시간이 지나서야 구림면으로 들어갔다. 우리들은 차를 얻어 타기 위해 산길로 가지 않고 일부러 신작로를 따라 해찰을 하면서 느릿느릿 걸었다. 대개 이삼 킬로쯤 걸어가면 트럭이 왔다. 간혹 트럭이 안 올 때도 있었는데 이때는 밤중에 집에 도착했다. 그래도 모여서 걷는 동안은 재미있었고 산길의 무서움을 피할 수 있어서 좋았다.

그 후에도 계속 트럭을 얻어 타려고 신작로를 택해 걷다가 어느 날부터는 길목 가게 앞에서 모두 기다리게 되었다. 구태여 이삼 킬로나 걸을 필요가 없었기 때문이다. 손을 들어 차를 세우면 대부분 잘 태워주었는데 학생들 숫자가 늘어나자 그냥 지나가는 차들이 많아졌다. 이때 우리들은 산길로 가지 않고 모여서 신작로를 걸으며 안 태워준 차를 응징해 주어야 한다고 구호를 외치

면서 교가를 합창하기도 했다.

인계면과 구림면 경계의 고갯길에는 제법 큰 바윗돌들이 있었는데 차를 안 태워준 분풀이로 돌을 굴러 내려 길을 막아놓았다. 트럭들은 나무를 싣고 밤중에 나오는데 길 가운데 바윗돌이 놓여 있으니 운전사 혼자 애를 쓰다가 마을에 내려가 인부들을 구해 길을 트고 나가곤 했다. 길을 막는 일이 몇 번 계속된 후 트럭들은 우리를 잘 태워주었다.

한동안 하굣길을 걱정하지 않고 잘 다녔는데 어느 날 조회시간에 교장 선생님께서 구림면 학생들은 전부 앞으로 나오라고 호령하셨다. 고갯길에다 바윗돌을 굴려 놓는 일을 해서는 안 된다고 훈계를 하셨다. 앞으로 이런 일이 한 번 더 발생하면 엄벌에 처하겠다고 엄포를 놓으셨다.

이후로 트럭을 탈 생각을 접고 산길을 걸어 다녔는데 문제가 발생했다. 도 학력경시대회에 나가게 되어 방학 중에도 혼자 학교에 가야 했기 때문이다. 별수 없이 사십 리 신작로를 걸어서 학교를 오갔다. 신작로로 갈 때는 어머니께서 하루도 빠지지 않고 면소재지까지 마중을 나오셨고 산길로 오갈 때는 십 리 정도는 마중을 나오셨다. 늦으면 고갯길까지 나오시기도 했다. 늦으면 걱정하실까 봐 시간 맞추느라 해찰도 못하고 부지런히 걸었던 것이 오늘날까지 건강하게 살게 된 밑거름이 되었지 싶다.

새벽밥을 지어 먹여 배웅을 하고, 하루도 빠지지 않고 멀리까지 마중을 나오시던 어머니의 사랑은 나를 키운 따뜻한 봄바람으로 지금껏 가슴에 간직되어 있다.

—≪전북수필≫ 73호, 2011.

편백나무도 아프다

건지산 편백나무숲에는 사람들이 많이 찾아온다. 건강을 찾기 위해 온 사람들이다. 시내와 인접해 있어서 그런지 종종 아는 얼굴을 만나기도 한다. 숲에는 판자로 편편하고 비스듬한 나무길을 만들어 놓아 노인들이나 몸이 불편한 사람들도 이용하기 쉽게 만들어 놓았다. 산 중간쯤 나무길 끄트머리에는 비를 그을 수 있게 지붕이며 의자를 놓은 쉼터가 있다. 지붕이 있는 곳은 주로 여인들 차지이고 조금 위에 있는 의자만 빙 둘러 놓여 있는 곳은 노인들의 토론장이 된다.

이 토론장에는 오십 대 후반부터 팔십 대까지 대부분 정년한 분들이 모인다. 이분들은 대개 몇 년씩 개근하다시피 한 분들이어서 흉허물 없이 지낸다. 특이한 점이라면 거의 암으로 수술을 받았거나 현재 병원에 다니는 분, 또는 휴양중인 분들이다. 어쩌다 한 번씩 그 자리에 앉아 있노라면 투병 얘기가 끝도 없이 계속된다. 병도 가지가지이고 치료받은 방법도 다들 다르다.

어느 분이 자기의 병력이며 치료 과정 등을 얘기하면 서로 끼어들어 각자 겪은 얘기들로 아연 열기를 띤다. 서로 치료에 도움이 되는 정보가 없는가 하고 귀를 기울이기도 한다. 어느 병원, 아무개 의사가 최고라고 칭찬하는가 하면 불친절하고 환자를 짐짝처럼 취급하는 병원은 정부가 나서서 시정을 해줘야 한다고 언성을 높인다. 자연치료가 제일이라며 공기 좋은 산골 어디에 있는 민속원을 추천하며 자신은 그곳에서 완치되었다고 자랑하는 사람도 있다.

정치판 이야기에 이르면 언성이 높아진다. 정부를 비판하고 정치인들의 잘 잘못을 어찌 그리도 소상히 알고 있는지 놀라지 않을 수 없다. 정치평론가들 보다 명쾌하게 결론을 내기도 한다. 이야기 중에 갑자기 생각난 듯이 지난주 까지 잘 나오던 분이 안 보인다며 안부를 묻고 걱정을 하기도 하는데, 누구는 병세가 나빠져 다시 입원을 했다는 둥 소식을 소상히 알고 있는 동네 이장 같은 분도 있다.

점심때가 다가오면 몇은 국수를 먹으러 가자며 자리를 뜨고 막걸리파는 축구장 옆으로 간다. 어떤 때는 집에 경사가 있다며 떡을 맞춰다가 나눠 먹는다. 편백나무숲은 음료수로 축배를 들며 떡을 나눠먹는 인정 넘치는 곳이다.

편백나무는 자신을 보호하기 위해 피톤치드라는 항균물질을 발산한다고 한다. 움직이지 못하는 나무가 주위의 해충이나 미생물로부터 자신을 지키기 위한 수단으로 방어하는 물질을 만들어 공기 중에 발산하는 것이다. 이십 세기 초까지 폐결핵을 치료하려면 숲속에서 좋은 공기를 마시며 요양해야 한다고 생각하였다. 삼림욕을 하면 식물에서 나오는 각종 항균성 물질인 피톤치드가 몸속으로 들어가 나쁜 병원균과 해충, 곰팡이 등을 없애는 구실을 한다고 믿었기 때문이다.

오늘날도 이것은 일반적인 생각이며 피톤치드의 구성물질은 테르펜을 비롯한 페놀 화합물, 알카로이드 성분, 글리코시드 등이라는 것을 밝혀냈다. 피톤치드는 자신을 위협하는 각종 해충, 병균, 곰팡이, 박테리아 등에게는 무서운 킬러의 역할을 하지만 인간에게는 도리어 이롭게 작용한다. 그런데 편백나무숲에서 건강을 찾으려고 온 사람들이 정작 나무는 안중에도 없는 행동을 한다.

건강한 사람들은 노인들이 앉아 있는 자리를 쳐다보지 않고 그대로 지나친다. 활기차게 손을 높이 흔들며 온 산을 누빈다. 곳곳에는 텐트가 진을 치고 있고 더러는 나무에다 흔들침대를 매놓고 누워 있는 모습도 눈에 띈다.

편백나무숲은 사람들 때문에 몸살을 앓고 있다. 나무들의 신음 소리가 온 산을 뒤덮는 듯하다. 사람들은 너무 오만해서 자신들의 건강만 챙겼지 나무는 거들떠보지 않는다. 하도 많이 밟고 다녀서 나무뿌리가 벗겨지고 이제는 반들반들 윤기가 난다. 정해진 길을 따라 걷기운동을 하면 될 텐데 여기저기 헤집고 다녀서 뿌리가 온전히 땅속에 있는 나무가 거의 없다. 가파른 곳은 나무계단을 만들어 놓고 가장자리엔 줄도 매어놓았는데 무슨 심사인지 그곳으로는 가지 않고 양 옆으로만 다녀서 나무뿌리가 비명을 지르고 있다.

어떤 이는 공기 맑은 숲에서도 마스크를 눈언저리까지 올려 쓰고 모자는 푹 눌러써서 누군지 알 수 없게 하고 다닌다. 사람들은 자기 몸은 지독히 아끼면서 왜 나무의 비명은 외면할까. 지치고 아픈 나무는 어디에서 치유 받아야 하나.

–≪전북수필≫ 74호, 2012.

거짓말과 건망증

거짓말을 밥먹듯이 한다는 말이 있는데 요즘 내가 그렇게 살고 있다. 거짓말 잘하고 약속 잘 까먹고 참, 한심하게 사는 것 아닌가 싶어진다.

오늘만 해도 그랬다. 건강이 좋지 않아 시골에 가서 요양하면서 시를 쓰고 계시는 팔십객 노시인이 오후 3시까지 회사로 갈 터이니 시간을 내줄 수 있겠느냐고 전화로 어제 확인을 하셔서 "네, 네. 조심히 오십시오. 기다리고 있겠습니다." 하고 철석같이 약속을 했다. 행여 실수할까 봐 수첩에도 적어놓았다. 수첩에는 오전10시 30분에 ㅈ교수를 찾아가서 만나기로 하고, 점심은 문인 네 분을 회사로 초대해 놓았고 노시인은 오후 3시, 5시에는 전자입찰을 하게 되어 있다. 저녁에는 손자 · 손녀들이 학원 끝나고 찾아온다고 되어 있고.

출근 전 집을 나서기 전에 수첩을 열어보고 스케줄을 확인하고 사무실에 도착해서는 간부회의를 주재해서 오늘 진행시킬 일 등을 체크한다. 스케줄상으로는 별다른 문제가 없고 당연히 거짓말 같은 것은 해서도 안 되고 할 필요도 없게 되어 있는 것이다.

그런데 말이다. 참, 말도 안 되게 거짓말이 되고 마니 어찌한단 말인가. 9시부터 교정을 보러 찾아오시는 손님이 ㄱ 교수님, ㅂ 처장님, ㅇ 회장님, 방학 전에 나와야 하는 학교신문 교정보러 오시는 선생님들, 정신이 없어진다. 찾아오시는 손님들을 모른 척할 수 없으니 일일이 인사드리고 진행상황을 설명하고, 걸려오는 전화를 받다보면 다른 일들은 까마득하게 잊어버리고 만다. 이것은 그래도 괜찮다고 할까. 교정보러 오셨는데 진행이 안 되어 있으면 다음날 언제 오시라고 고개를 몇 번이고 조아리며 '죄송합니다.' 를 연발해야 한다. 이럴 때는 앞에 한 약속은 거짓말이 되고 만다.

어느 기관에서 급한 일이라며 바로 와서 견적을 내고 원고를 가져가라 한다. 앞뒤 생각할 겨를 없이 달려가서 견적 내고 원고 설명 듣는 동안 사무실에서 핸드폰으로 연락이 온다. ㅈ 교수에게 전화가 왔다는 것이다. 앗참, 그렇지. 10시 반에 찾아가기로 되어 있는데―. 이미 40여 분이나 지나 있다.

부랴부랴 00대학교에 들어섰는데 자주 가는 인문대는 훤한데 처음 가는 자연대는 한 동 또 한 동 찾다보니 시간은 자꾸 달음질친다. 어찌어찌해 찾아가니 시간은 이미 1시간이 지나버려 또 한 번 거짓말쟁이, 약속 어기는 사람이 되어 고개를 조아릴 수밖에. 정년을 앞둔 교수님이 문집을 낸다고―. 판형이며 색도며 표지며 설명을 듣고 답변을 하고 견적은 얼마 나오고 시시콜콜 얘기하다보니 시간은 자꾸 가고 회사에는 초청한 문인들이 이미 와 있을 텐데

하고 조바심을 대고 있는데 옆방 교수님이 오셔서 자기도 책을 내야겠는데 언제쯤이 한가하냐, 서울에 있는 친구가 그러는데 무엇은 어떻고 뭣은 어쩐다는 둥 얘기가 끝없이 계속된다. 할 수 없어 “점심시간이 지났는데 다음에 와서 말씀드리죠.” 하며 중동무이를 하고 일어선다. 용케도 점심 초청을 한 생각은 떠올라서 늦었지만 도중에 일어선 것이다. 얘기 중에 생각난 것이 얼마나 다행인가 싶었다. 사무실에 도착하니 시간이 오후 1시가 넘어 있었다.

약속 시간을 어긴 죄로 거하게 모시겠다며 중화산동 괜찮은 음식점으로 갔다. 점심시간이 지나서인지 손님들이 별로 없어서 우리들 몇 사람이 큰 방을 차지하게 되었다. 음식 나오기 전에 술을 시키고 이런 저런 얘기 끝에 문협이사장 선거가 거론되자 지지하는 사람이 각자 달라 옛날 누구는 어떻고, 인간성은 저쩌고 또 누구는 스캔들을 달고 사는 사람이고 등등 끝간 데를 몰랐다.

회사로 돌아와 보니 시간이 4시가 넘어 있었다. 그때서야 정신이 번쩍 들었다. 노시인을 3시에 만나기로 했는데 시간 반이 지나버린 것이다. 노시인이 화를 내고 가셨다는 것이다. 전화를 왜 하지 않았느냐 직원들에게 화풀이를 했다. 통화가 안 되어 어쩔 수 없었단다. 배터리가 나간 것이다. 참, 도둑맞으려면 개도 안 짖는다더니 그 꼴이 되었다. 그런데 어째서 약속시간을 까맣게 잊어버리고 있었을까. 밥 먹는 것은 잊지 않고 잘도 먹으면서 왜 약속시간까지도 같이 먹어버린 것인가. 한심한 생각에 이제 별 수 없이 나도 세월의 더께가 무던히도 쌓였나 보다 하고 체념이나 할밖에……. 그런데 웬 한숨이 자꾸 나오지.

옛날에는 수첩이나 달력에 메모를 하지 않았어도 약속이나 할 일을 줄줄이

기억해 냈는데 언제부터인지 모르게 하루 이틀 치도 잘 떠올리지 못한다는 사실을 요즘에야 알아차리게 되었다. 수첩에다 적어놓고도 그 사실을 까맣게 잊고 있다는 것, 이것이 문제다.

인간의 뇌세포가 25세까지는 늘어가고 향상되지만 그 이후엔 하루에 수십만 개씩 잃어간다는데……. 그래서인가. 나이가 들어가면 당연히 기억력이 떨어져야 맞는 것인가. 다른 사람들도 다 건망증이 보통 아니라고 하는데 나라고 무슨 뾰족한 수가 있겠는가 싶기도 하다. 여태껏 나이를 별로 의식하지 않고 살아왔는데 앞으로 어쩌지? 날마다 거짓말이 늘어가는 일상이 되어가고 있으니 약속을 하지 말고 살아야 하는가.

이런 내게 용기를 확확 솟구치게 하는 기사가 눈에 번쩍 띤다. 뉴욕타임스의 의학전문기자가 쓴 '가장 뛰어난 중년의 뇌' 란 책의 서평 기사. 이 책에 의하면 여성 심리학자 셰리 윌리스가 1956년부터 40년간 남녀 6천여 명을 상대로 인지능력검사를 7년마다 반복적으로 실시한 결과 40~65세 때 성적이 최고였다고 한다. 점수는 덧셈 뺄셈 곱셈 나눗셈을 얼마나 빨리 하는지를 보는 계산능력, 화살표가 나타나면 얼마나 신속히 반응해 단추를 누르는지 재는 지각속도, 얼마나 많은 단어를 이해하고 동의어를 아는지를 보는 어휘능력, 얼마나 많은 단어를 기억하고 있는지를 판별하는 언어기억능력, 사물을 180도 돌렸을 때 어떻게 보이는지를 보는 공간정향능력, 유사한 논리 문제를 얼마나 잘 풀 수 있는지 보는 귀납추리능력 등 6개 분야를 합산한 것인데 40~65세 점수가 20대 때 결과보다 떨어지는 것은 계산능력과 지각속도뿐이었다고 한다. 뇌과학자들이 노화에 접어든 사람들의 뇌세포를 관찰한 결과 그렇게 대량으로 죽어가는 사건은 발생하지 않는 것으로 확인되고 계산능력과지각속도에서 쇠퇴하는 것은 확실하지만 이 부분을 과도하게 해석해 뇌가 전체적으로 죽어간다는 이데올로기를 만들었다는 것이다.

계산능력과 지각속도의 퇴화는 전문지식의 축적에 따른 판단력의 향상에 비춰보면 그리 큰 상실이 아니라는 것이 저자의 견해. 인간경험 연구자인 신경과학자 자네스는 여러 조건으로 게임을 하게 한 결과, 속도를 요구하면 젊은이가 이기지만 어려운 과제는 나이든 이가 승리한다는 사실을 확인했다.

이렇게 가슴에 확 닿는, 필이 꽂히는 얘기가 있겠는가. 어깨 축 늘어뜨리고 고개 떨어뜨릴일이 아니지 않은가. 이제 오늘부터 약속이 거짓말이 되지 않게 용기를 가지고 전문지식을 축적하여 판단력을 기르는 일을 열심히 해야겠다.

우렁각시

―아내 황의순을 추모하며

그래요, 우렁각시였어요. 당신은…….

어느 날. 어느 날이 맞습니다. 꿈에도 전연 생각하지 않은 어느 날, 보따리 두 개를 안고 우렁각시는 제게 왔습니다. 어리둥절해 있는 내게 "같이 살려고 왔다." 했습니다. "집에서 걱정할 텐데 이게 무슨 짓이냐." 하고 제법 호기를 부렸습니다만 속으론 얼마나 기뻤던지요.

우린 몇 년을 만나면서 사랑을 나누고 꿈도 키워갔습니다. 그러나 서로 결혼 얘기는 무슨 금기사항처럼 입 밖에 내놓지 못했습니다.

남동생 하나, 여동생 셋을 거느리고 단칸방에 쥐꼬리 월급으로 근근이 생활해 가고 있는 저였습니다. 미래가 보이지 않는 캄캄한 현실에 결혼은 생각할 수도, 꺼낼 수도 없었습니다.

만나면 안타깝기만 했지요. 그래도 우리는 만나면 즐거웠습니다. 실현될 수 없는 무지개 꿈도 얘기하면서 먼 미래를 설계하기도 했습니다. 나는 동생들 뒷바라지가 끝나면 둘만의 보금자리를 마련할 수 있을 것이라는 막연한 희망을 품는 것밖에 더는 욕심을 낼 수 없었습니다.

딸 가진 부모라면 누군들 그런 사람에게 시집을 보내려 하겠습니까. 내가 부모 입장이라도 당연히 안 된다고 호통을 쳤을 것입니다. 이런 상황인데 당신은 집안의 결사반대에도 불구하고 주저하지 않고 제게 온 것입니다.

서둘러 결혼식을 올리고 우리는 열심히 살자고 다짐했습니다. 저는 일거리를 가져다가 밤새워 일을 했고 당신은 이것저것 가리지 않고 뒷바라지를 했습니다. 칠십 년대에 여자가 검정 고무신을 신고 자전거를 타고 지나가면 신기한 구경거리인 양 다 쳐다보던 시절이었습니다. 당신은 부끄럽다거나 창피하다는 말을 모르는 사람처럼 그렇게 부지런을 떨었습니다.

일벌레처럼 우리는 불철주야 일에만 매달렸고 그런 우리를 성실하고 신의가 있다고 주위에서 많이 도와주었습니다.

형편도 차츰차츰 나아져 갔습니다. 동생들도 다 시집, 장가보내고 아이들도 잘 자라주었습니다. 이제 좀 허리를 펴도 되겠구나 했습니다. 이때 당신은 병을 얻었습니다. 몸에 이상이 왔을 때 바로 병원에 갔어야 했습니다. 당신이 괜찮다고 일축하는 바람에 항상 무쇠처럼 튼튼하니까 하고 방심한 것이 한이 되고 말았습니다.

누구는 나를 키운 건 팔 할이 바람이라고 했지요. 신아출판사와 ≪수필과비평≫을 키운 것은 팔 할이 아니라 백 할이 당신이었습니다.

당신은 문학소녀이기도 했습니다. '전북일보' 문화면 '여인지대'라는 코너에 작품을 많이 올리기도 했었는데 그 문학의 꿈을 저 때문에 이루지 못했습니다. 일에 매달리느라 작품을 쓸 시간을 갖지 못한 것입니다. 당신의 꿈을 이루어주지 못한 것이 내내 가슴에 바위로 남아 나를 짓눌렀습니다.

당신을 보내고 나는 없었습니다. 당신을 잃은 것은 내 전부를 잃은 것이었습니다. 당신이 없어서 죽을 것 같은 공황장애에 빠졌습니다. 두 해를 그렇게 헤매었습니다. 당신과 같이 살기 위해 황의순, 당신의 이름으로 문학상을 제정하게 된 것입니다.

여보!

당신이 내 곁을 떠난 지 어느덧 십 년이 흘러가고 있습니다. 그러나 나는 지금껏 당신을 떠나보내지 못하고 있습니다. 당신을 생각하면 가슴이 먹먹해와 머리글을 쓰지 못하고 몇 년을 보냈습니다. 추모글을 보내주신 분들이 책 언제 나오느냐고 물어도 대답을 못하고 시간을 보낸 것입니다.

주위에서 많이 염려해 주어서 마음을 추슬러 가고 있으니 이제 너무 걱정하지 마십시오. 건강도 많이 좋아져 서울에 두 번이나 다녀왔습니다. 나 잘하고 있지요?

한 가지 기쁜 얘기 드릴 것이 있습니다. 막내 영주를 이번 시월에 시집보냅니다. 당신이 사윗감을 보았으면 괜찮다고 할 것 같았습니다. 영주도 좋아한다고 합니다. 우리 애들 하늘에서 지켜봐 주시고 우리 영주 축복해 주세요.

당신을 사랑합니다.

–2013. 8. 11

당신의남편서정환

서정환의 수필세계

완판본 혹은 출판문화수필

유한근

문학평론가 · 디지털서울문화예술대 교수

1.

작가 서정환은 출판 인쇄인이다. 신아출판사 · 신아문예사 · 월간《수필과비평》· 월간《소년문학》· 월간《좋은수필》· 계간《계간문예》· 계간《문예연구》· 계간《인간과문학》· 계간《DAVINCI》· 반년간《표현》그리고 새로 창간할 월간《시》· 격월간《여행작가》를 발행하고 인쇄하는 신아미디어그룹 회장임을 문학인이면서 출판에 관심을 가지고 있는 시인 · 작가들은 잘 알고 있다. 그러나 그가 수필가인 것은 많이 알지 못한다.

그래서 이 에세이는 자연인으로서의 삶보다는 작가로서의 그의 문학적 모티프와 미학적 상상력에 대해 서술하려 한다. 물론 수필이라는 문학적 장르가 삶의 공간, 그 속에서의 체험과 긴밀한 유기적 관계 속에 놓여져 있기 때문에 출판 인쇄 문화영역에서 벗어날 수도 없을 것이다. 그 예의 하나가 〈숨바꼭질〉이다.

날마다 숨바꼭질놀이를 하며 산다. 365일 하루도 거르지 않고 숨바꼭질을 한다. 그런데 난 항상 숨어있는 놈들을 찾아나서는 만년 술래다.

이번엔 전부 찾아내서 술래를 면해야지 –. 단단히 벼르고 눈을 부라린다. 바싹 긴장해서 전후좌우 사면팔방으로 눈을 굴리며 찾아 나선다. 그러나 다 찾았거니 하고 뒤돌아보면 엉뚱한 곳에 숨어 있다가 튀어나오는 놈들 때문에 나는 풀이 죽어 다시 술래가 된다.

활자活字.

이 놈들과 더불어 숨바꼭질하며 울고 웃어온 지 어느덧 강산이 두 번 변할 만큼 되었다. 내 딴에는 이놈과 친할 만큼 친해졌고, 속도 알 만큼 알고 있다고 자부해 보지만 이놈의 숨바꼭질 장난에는 번번히 뒤통수 얻어맞기가 예사다.

-수필 〈숨바꼭질〉에서

이 수필은 활자活字와 숨바꼭질하는 작가의 일상을 시니컬하게 토로한 수필이다. 이 수필은 또 다른 수필 〈살아 움직이는 활자〉와 같은 맥락의 글이다. "활자가 살아 움직인다고 하면 누가 믿어주기나 할까? 아마 모르긴 해도 그런 말도 안 되는 소리는 하지도 말라고 일언지하에 부정하고 말 것이다. 그러나 책을 한 권이라도 펴내 본 사람들은 고개를 끄덕일 것이다. /"활자? 문자 그대로 살아있는 것이 활자여."라고 서두를 시작하고 있는 수필, 인쇄와 관련된 일련의 수필과 모티프를 같이하는 글이다. 〈살아 움직이는 활자〉에서도 작가는 '숨바꼭질' 이라는 어휘를 차용하여 우리 삶의 양태를 단편적으로 은유한다. "하루의 일이 이 활자와 더불어 숨바꼭질하는 것으로 시작돼서 숨바꼭질로 끝이 난다. 숨기 좋아하는 활자를 그대로 놔두면 좋으련만 기를 쓰고 찾아내야만 하는 숨바꼭질. 숨바꼭질이란 것도 어쩌다 재미로 하면 시간 가는 줄 모르는, 재미있는 놀이이지만 이걸 밥벌이로 해야 하니 지겨운 일이 되고 만다. 그나마 번번히 술래가 되어 찾아 나서기만 하고 한 번도 숨어보

는 재미는 가져볼 수 없는 일방적인 숨바꼭질. '다 찾았다.' 하고 돌아서면 뒤통수를 치며 나타나는 놈이 있으니 곤혹스럽기까지 하다"가 그것이다. '귀신 붙은 것 같은 활자', 그 활자는 돌아서면 뒤통수치는 우리 삶의 모습과 흡사하다는 생각을 갖게 하기 때문이다. '만년 술래'인 작가. 오자와 탈자를 다 잡았다고 생각하고 안심하는 작가의 뒤통수를 치는 활자. 그것은 예기치 않은 순간에 들이닥치는 그 무엇일 수 있다.

그러나 이 수필 〈숨바꼭질〉에서 간과할 수 없는 미학적 구조는 생생한 작가의 현장에서의 체험, 그 해프닝에서도 찾을 수 있지만 이 수필의 끝 부분에서 찾아야 할 것이다.

나는 오늘도 숨바꼭질을 한다. 숨바꼭질을 통해 겸손을 배운다. 인내를 배운다. 인생을 배운다. 치밀성과 끈기, 집중력 등 한 치의 방심도 허용치 않는 숨바꼭질. 숨바꼭질에 지칠 때면 가끔씩 시시포스가 떠오르기도 한다. 굴러 떨어지기 마련인 돌멩이를 산정으로 밀어 올리는 무의미한 작업의 저 시시포스…….

그러나 나의 숨바꼭질은 또 계속된다.

'무궁화 꽃이 피었습니다. 무－궁－화 꼬－치 피－어－씁－니－다.'

–수필 〈숨바꼭질〉 결말부분

'활자' 의 살아있는 성질에서 겸손과 인내와 치밀성과 끈기, 집중력, 그리고 허용할 수 없는 방심을 배우고, 시시포스 신화에서 무의미한 작업의 의미를 환기하게 하는 점이 그것이다. 작가는 위의 인용문에서 "굴러 떨어지기 마련인 돌멩이를 산정으로 밀어 올리는 무의미한 작업의 저 시시포스" 라고 말했다. 그렇게 인식하면서도 또 계속한다고 말하고 있다. 나는 여기에서 잠시 우스개 소리가 떠올린다.

시시포스는 아이올로스인의 시조인 아이올로스와 에나레테 사이에서 태어난 아들이다. 그는 신을 기만한 죄로 산꼭대기로 바위를 올리는 형벌을 받는다. 천신만고 끝에 시시포스는 바위를 가까스로 굴러 떨어지지 않게 정상에 올려놓는다. 그리고 담배를 피어 물고 한숨을 내쉰다. 한참을 그렇게 정상에 앉아 있다 보니, 그는 심심했다. 그래서 그는 자신의 발로 밀어 바위를 떨어뜨린다. 그리고 다시 아래로 내려와 형벌을 수행한다. 웃자고 하는 이야기만이 아니다. 시시포스는 바위를 산 정상에 올려야 하는 형벌을 받는데, 그 형벌은 어쩌면 그의 일상이고 삶의 전부일 수도 있다. 바위를 정상에 고정시켜 형벌이 끝나게 되자 그는 형벌이 그의 일상임을 그리고 그 형벌이 소명임을 알았는지도 모른다. 그래서 일상으로 돌아가기 위해 일부로 바위를 굴려 내린다는 우스꽝스러운 이야기이다.

어쩌면 이 우스개소리는 삶의 아이러니이며 알레고리이다. 반복되는 활자와의 반복적인 '숨바꼭질' . 그것은 작가 서정환에게 있어서는 형벌일 수도

있고, 삶의 큰 의미 혹은 소명일 수 있다. 이것이 아이러니이다. 그러나 작가는 그것을 위의 수필의 마지막 문장인 "무궁화 꽃이 피었습니다. 무－궁－화 꼬－치 피－어－씁－니－다."로 미학적으로 형상화 한다. 술래가 되어서 움직이는 사람을 찾아내는 숨바꼭질. 그 놀이는 단순한 오자, 탈자에 대한 오류 찾기 뿐만 아니라, 삶의 본질과 인간의 본체 찾기와 다르지 않을 것이다.

오늘이 바로 내일이란 이 단순하고 명백한 사실을 까마득히 모르고 내일은 저만치 멀리 있는 걸로 치부해 두고 살아왔다.

우리들에게 내일이란 바로 오늘을 살고 있는 것이란 걸 이제야 눈앞에 실감으로 느낀다. 내일이란 영원한 미래요 영영 오지 않는다는 사실, 아니 내일은 항상 오늘이란 사실을 지금에사 깨닫는다.(...)

'오늘을 충실히 살자.' '오늘 일을 내일로 미루지 말라.' 많이 들어온 말이다. 책에서, 표어에서, 어른들 말씀으로 귀에 못이 박히도록 들어온 말을 그저 게으름피우지 말라고 한 말씀이거니 건성으로 들어넘기고 살아온 것이다.

"하루 물림이 열흘 간다."라는 속담도 수없이 들어왔다. 한 번 뒤로 미루기 시작하면 자꾸 더 끌어간다 함이니 무슨 일이든 뒤로 미루지 않도록 경계하는 말일 것이다. 그러나 이 말을 귀담아 듣고 그날그날 일을 처리해 온 사람이 얼마나 될까?

– 수필 〈오늘과 내일〉에서

수필 〈오늘과 내일〉은 자기 성찰의 수필이다. 오늘과 내일이라는 시간 개념을 사회과학적으로 분석하지 않고 철학적이며 윤리적 시각에서 사유한 수필이다. 그 사유를 통해 이 수필은 "하루 물림이 열흘 간다."라는 속담의 알레고리를 되새기게 한다. 알레고리의 기원은 신화나 전설 속담이나 격언의 형태에서부터 찾아진다. 알레고리는 보편적인 인간 정신에게는 매우 자연스러운 표현 양식으로 받아들여지고 있기 때문이다. 수많은 신화들이 인간 삶의 우주적인 현상과 그 에너지를 설명함에 있어 알레고리의 형태를 취해온 것도 그 때문이다. 그러나 오늘날에 와서는 알레고리의 개념이나 용법은 광범위하고 다양하게 차용되어 왔다. 특히 문학에 있어서는 하나의 장르로서가 아니라, 비유적 · 암시적 · 상징적 · 풍자적인 문학작품의 표현구조로 차용하고 있다.

위의 "하루 물림이 열흘 간다."라는 속담은 인용문에서 보듯이 "무슨 일이든 뒤로 미루지 않도록 경계하는 말"이다. 하루가 늦어지면 열흘이 늦어진다는 의미다. 그러나 그 이면의 암시적이고 상징적인 풍자적 의미는 "인간이 만물의 영장이라고 제법 큰소리들을 치고 그러지만 참 어리석기가 여간 아니라는 생각이 든다. 제 스스로 만져보고, 맛보고, 가보고, 부딪쳐보고, 떨어져 보아야만 그때서야 깨"닫는 인간 본성에 대한 풍자의 의미를 지닌다. 인간의 어

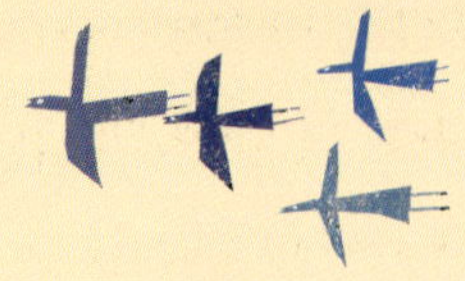

리석음에 대한 총체적 비판의식을 자기 성찰을 통해 보여 준 수필이다.

2.

다시 서두로 돌아가서, 서정환 작가의 전공 영역인 출판 인쇄 문화의 수필을 보자. 이 수필집의 전반부에 실린 많은 이야기들, 그리고 전 수필을 관통하는 것은 출판 인쇄문화 모티프이다. 출판 인쇄문화의 애환(?)을 진솔하게 표현하고 있는 연작 수필 〈넋두리 Ⅰ〉은 교정의 어려움을 토로하고 있는 수필이다. '교정' 은 잘못 사용된 어휘를 한글맞춤법과, 표준어규정, 그리고 외래어표기법에 맞게 바로잡아 주는 일이고, '교열' 은 어문 규정을 준수하여 예상 독자의 사회 · 문화적 배경지식을 고려하여, 전체 글을 통일성 있고 자연스럽게 재구성하는 일을 말한다. 교정의 경우는 오자, 탈자 들을 어문규정에 맞추어 잡아주면 된다. 그러나 교열은 독자를 고려하여 작가의 글을 고치는 작업이다. 예컨대, 신문사의 경우에는 교정부보다는 교열부를 두고 신문 독자를 고려하여 기사를 고치는 전문적인 직원을 두는 것이 상식이다. 그러나 잡지사나 출판사의 경우에는 글쓴이의 허락을 받고 교열을 보아야 한다.

〈넋두리 Ⅰ〉은 이런 상황에서의 하나의 애환 에피소드를 소개한 수필이다. 글쓴이와의 갈등에서 느낀 심사를 "거나하게 취해 세상 거리낄 것 없이 한번 갈짓자로 걸어보고 싶다. 원칙이 아닌 변칙이 와서 치고 받아 그로기 상태가 되어 비틀거리는 걸음이 아니라 다 팽개쳐 두고 거나하게 취해 기분 좋은 비틀걸음이었으면 싶다./첫눈. 그 첫눈 속을 거리낌 없는 비틀걸음으로 걸었으면 더욱 좋겠다. 콧노래라도 흥얼거리면서 말이다."라고 다분히 감상적으로 토로한 수필이다.

〈넋두리 Ⅱ〉의 경우도 연작수필답게 출판 고객과의 갈등을 진솔하게 표현한다.

소설문학에 있어서 교양소설 혹은 교육소설, 성장소설이라는 장르가 있다. 괴데, 장크리스토프 등의 성장 소설에서 유래한 명칭이다. 어린 시절부터 어른이 되기까지 주인공의 인격이 완성해 가는 성장 과정을 그린 소설을 의미한다. 청소년의 교육을 목적으로 한 교양적인 소설을 일컫는다. 어떤 분야를 연구하거나 그 일에 종사하여 그 분야에 상당한 지식과 경험을 가진 사람이 쓴 소설이 그러하다. 수필의 경우에도 교양수필 혹은 전문가수필을 하나의 장르로 설정해도 무난한 것이다. 의학건강수필, 법률수필, 여행수필 등이 그것이다. 작가 서정환 수필의 특징을 이 관점에서 볼 때, 그의 수필은 출판인쇄수필로서 교양수필이라 할 수 있다. 일련의 그의 수필에서는 인쇄에 대한 교양적 지식을 독자는 얻을 수 있기 때문이다.

인쇄는 크게 나누어 볼록판, 평판, 오목판, 세 가지 판식이 있다.

활판, 동판 등은 볼록판이고 석판石版, 옵셋, 콜로타이프 등은 평판 인쇄이

고, 그래뷰어, 조각오목판 등은 오목판 인쇄인 것이다.

먼저 볼록판을 알기 쉽게 말하면, 우리가 늘 사용하는 도장이 바로 볼록판인 셈이다. 납鉛으로 만든 활자가 도장처럼 볼록 도드라지게 나와 있는데 볼록 내민 부분에 잉크를 묻혀서 찍어내는 판식이 볼록판이다. 몇 년 전까지만 해도 이 방식의 인쇄가 거의 전부에 가까웠기 때문에 지금도 인쇄라면 이 방식만 알고 있는 사람이 90% 이상인 것 같다.

–수필 〈넋두리 II〉에서

위에 인용한 수필 〈넋두리 Ⅱ〉의 서두부분처럼 서정환 수필은 출판인쇄영역의 교양수필이다. 우리가 알지 못하는 출판 인쇄에 대한 전문적인 지식을 교양으로 얻을 수 있기 때문이다.

그리고, 이와 일련의 수필로서 〈전주의 자존심〉은 전주를 문화예술의 도시라는 보편적인 인식에 덧보태, 출판 인쇄의 도시임을 새삼 교양적으로 알게 해주는 수필이다. 작가는 이 수필에서 “전주는 후백제의 고도로 천년의 찬연한 문화적 유산과 민속, 민요, 전설, 언어 등이 호남을 대표하고 있다. 그러나 서운하게도 진짜 자랑거리는 지금껏 얘기들이 없으니 어찌된 일인지 모르겠다. 전주시사全州市史를 보아도, 전라북도지道誌를 펼쳐도 어느 한 군데에도 언급

되어 있지 않다."라고 전제하며, 전주에서 출판 인쇄된 고서들을 '완판본完板本' 임을 상기시켜준다.

조선시대만 해도 서울의 경판본과 겨룰 수 있는 유일한 출판문화는 이 지역에서 꽃핀 완판본이었다. 인쇄·출판이야말로 모든 문화의 꽃이요 열매가 아니던가.

〈열녀춘향수절가〉를 비롯하여 지금까지 전해 내려오는 판소리계 소설의 대부분이 완판본이다. 이는 이 지역 문화가 선진된 증거이다.

완판본은 조선 말기, 주로 광무 융희 연간에 전주에서 간행된 고대소설의 목판본木板本의 총칭이다. 전라도 방언으로 판각되어 있어 문체도 경판본과 달라 향토색이 농후하다.

중앙집권의 전통사회에서 유일하게 서울과 겨룰 수 있는 출판문화를 이룩했다는 이 사실에 우리 전주 사람들은 긍지를 가져도 좋지 않을까. 이야말로 전주가 뽐낼 긍지이며 자존심이 아닐는지.

–수필 〈전주의 자존심〉에서

위에 인용한 수필 〈전주의 자존심〉에서 작가 서정환은 조심스럽게 전주라는 예향의 도시가 출판인쇄의 본향임을 들려준다. 조선조 때부터 서울에 비해 뒤떨어지지 않은 출판문화가 꽃피었던 사실에 대한 자존을 애향의식을 가지고 힘주어 말한다. 수필 〈족보와 전주〉에서도 이러한 작가의 의식을 엿볼 수 있다.

그 뿐 만 아니라, 수필 〈능소화〉에서는 "손주들을 데리고 전주수목원에 가서 여러 가지 꽃이며 희귀한 식물들을 구경하다가 능소화를 발견" 하고, 능소화를 "숨막히는 화려함" 의 극치라고 표현한다. 그 꽃말이 '명예, 자랑, 자만' 임을 환기시켜주고, 자신의 무의식 속에 능소화를 "양반꽃, 부잣집꽃" 이라고 각인되어 있음을 확인한다. 또한 그 능소화를 통해 "제법 지체가 높아지고 부자가 된 것처럼 넉넉한 마음" 을 가졌음을 토로한다. 이는 '완판본' 이라는 언어가 표상하는 전주에 대한 긍지와 자존, 그리고 애향심과 깊은 관련을 갖는다.

3.

이 에세이의 서두에서 언급한 바 작가 서정환은 문예잡지의 왕국 건설을 꿈꾸는 사업가이기도 하다. 따라서 출판 인쇄 관계의 사람들과 빈번하게 만나기 마련이다. 이에 따라 그는 사람과의 만남을 소중하게 생각하고, 자연과의 만남조차도 애정을 갖게 된다. 수필 〈복된 만남〉 등이 그 하나의 예이다. 이 수필은 '이 분' 이라 지칭한 행정공무원으로 정년퇴임한 친지를, '히말라야시다' 혹은 고향의 당산나무로 비유한다.

이 수필〈복된 만남〉은 이렇게 시작된다. "어깨가 제법 넓은 히말라야시다 밑에 서 본다. 길게 늘어뜨린 가지의 푸름으로 주위의 회색빛이 가려지면서 고향의 당산나무를 떠올리게 한다. 히말라야시다의 만남은 잠시나마 우물 안의 답답함을 잊게 해준다."가 그것이다. 그런 뒤, "만남. 그래, 일생을 살아가는 동안 만남처럼 소중한 일이 있을까. 어쩌면 살아가는 일이 만남의 연속과정인지도 모르겠다. 태어남은 곧 부모와의 만남이고 자라면서 친구들을 사귀고 선생님, 배우자, 직장 등등 무엇 하나 중요하지 않은 만남이 있겠는가. 만남은 서로에게 알게 모르게 영향을 주고받는다."라고 말을 잇는다. 그리고 "히말라야시다처럼 가슴에 항상 푸르른 그늘을 드리워주는 분이 떠오른다. 특히 요즘처럼 부정 · 부패 · 이기주의 등의 벽으로 둘러싸인 우물 속에 빠져버린 것 같은, 답답한 가슴일 때는 더욱 더 선명히 떠오르는 분"으로 인식한다. 또한 자신은 "이분과의 만남으로 해서 사시사철 푸르른 거목을 가슴에 키우고 있"음을 토로하기도 한다.

그리고, 수필 〈새 식구들〉에서는 새끼새들의 울음소리를 통해서 선생님, 부모님, 선현들의 말씀, 그 '소리'가 얼마나 소중한가를 깨닫는다. "소리를 제대로 듣는다는 것이 얼마나 어려운 일인가 새삼 느"끼고 깨닫는다. "넓지도 않은 곳에서 나는 소리의 방향을 못 찾고 고정관념으로만 소리를 찾아 헤맸"음을 자성한다. 그리고 "소리에는 여러 가지가 있다. 물건이 부딪치는 단순한 소리, 말씀의 소리, 민의의 소리 등등. 소리를 제대로 듣지 못하고 고정관념으로, 또는 아전인수 격으로 자기 편하게, 자기에게 유리하게 편집해서 듣게 되는 이유는 무엇일까? 어떻게 하면 올바로 듣는 귀를 가질까. 허유처럼 못 들을 소리를 들었다 해서 귀를 씻어야 할까./이 소리를 제대로 듣기만 한

다면 바로 천국, 이상향이 실현되지 않을까"라는 내면의 소리를 듣는다. "'째째짹째째짹짹짹짹.' 하는 새끼새들의 소리"가 "마당을 꽉 채우고 온 집안에 생기가 넘치게 한다."는 사실도 새삼 깨듣는다.

이렇듯 서정환작가의 일련의 수필들은 사람과 자연의 만남을 통해 삶의 지혜를 깨닫는 과정을 그리고 있다.

한편으로 작가 서정환이 꿈꾸는 사람과 사람과의 관계는 수필 〈문경지교를 꿈꾸며〉에서 볼 수 있듯이 "관포지교, 문경지교, 수어지교, 금석지교, 금란지계, 단금지계, 막역지우 등" 키워드에 요약되어 있다. 고사성어의 '관포지교' 에서는 "이해利害를 초월한 교분을" '문경지교' 에서는 "인상여란 사람이 때를 얻지 못해 어느 사람 밑에서 밥을 얻어먹고 있다가 그의 추천으로 혜문왕으로부터 신임을 얻게 되" 었다는 고사로 사람에게 있어 신의信義의 중요함을 힘주어 말한다.

그렇다면, 가족과의 관계양식이나 자기 자신과의 존재양식을 작가는 어떻게 인식하고 있는가를 살펴보아야 할 것이다. 먼저 수필 〈앵두〉을 읽자. "빨갛고 반질반질 윤기 나는 앵두는 보기만 해도 군침이 돈다. 손주들이 모두 와서 앵두나무 밑에 모여 서로 많이 따먹겠다고 야단법석, 시끌시끌할 광경을 상상만 해도 흐뭇한 미소가 절로 나온다"로 시작하는 수필 〈앵두〉는 어떨까?

이 수필에서 작가는 유년시절로 되돌아간다. 외가의 앵두나무, 살구나무, 능소화, 외가의 식구들을 재생적 상상력으로 떠올린다. 그런 후 이 수필의 소재인 '앵두' 로 돌아온다. '앵두' 를 좋아했던 세종과 문종의 효심이야기가 실린 성현이 쓴 ≪용재총화≫을 떠올리고, ≪동의보감≫에 소개된 앵두의 약효를 교양수필체로 소개한다. 그리고 친손 · 외손주들이 작가 자신을 "다정하고 따뜻한 할아버지로 기억" 해 주기를 앵두나무 아래에서 생각하는 것으로 끝낸다. 그리고 수필 〈삼십 리 통학 길〉에서는 학창시절 "어머니의 새벽밥과 날마다 배웅하고 마중 나오시던 자식 사랑하는 마음" 을 비극적인 한국전쟁의 역사 속에서 떠올린다.

그러나 사람과의 만남, 그 인연의 소중함을 그린 수필은 〈동백꽃 사연〉이다.

화단의 동백꽃이 미소를 머금고 있다. 어젯밤에 내린 눈을 머리에 그대로 인 채 빠알간 입술을 오므리고 있다. 부끄럼을 타는가, 벌써 열흘도 넘게 그저 미소만 보일락 말락 띤 채 얼굴을 들지 못하고 있다. 아직 활짝 웃지 못하는 건 동장군의 시샘 때문인 것 같다. 머지않아 봄바람이 살랑살랑 얼굴을 간질일 때에야 웃으려나 보다.

–수필 〈동백꽃 사연〉 서두 부분

표제작인 〈동백꽃 사연〉은 위의 인용문처럼 감각적으로 시작된다. 눈 속에서 피는 꽃, 동장군을 이겨내 더욱 붉은 동백꽃 사연은 작가의 아내 고 황의순

여사와의 이야기를 쓴 수필이다. 선물로 받은 동백화분 재배법을 몰라 허둥대는 부부의 에피소드를 담담하게 그린다.

꽃에만 눈을 파느라 기르는 법도 자세히 익히지 않은 채 그저 물만 주면 되는 줄 알고 내가 나가면서 한 번, 아내가 들어오면서 한 번, 이렇게 들랑거리면서 물기가 없는 것 같으면 듬뿍듬뿍 물만 부어줬다. 그러다 얼마 후 나무가 시들한 것 같아서 가만히 살펴보니 뿌리가 썩어가고 있었다. 그때서야 물을 너무 자주 준 데 원인이 있는 것 같아 다른 화분들 사이로 옮겨 놓고 물을 가끔씩 주었다.(...)멍청할 정도로 동백의 생리에 대해선 아주 둔했다, 김유정의 소설 〈동백꽃〉에 나오는 주인공처럼–. 점순의 사랑고백 행동을 전혀 눈치채지 못하고 닭을 괴롭힌 것만 분해하는 주인공. 우직하고 바보스럽고 둔하고 무식하지만 순박한 농촌 사람들의 삶을 애정 어린 눈으로 그려낸 소설 속의 그 주인공보다 더 아둔했다.

–수필 〈동백꽃 사연〉에서

이렇듯 이 수필에서는 작가 부부를, 특히 작가 자신을 소설 〈동백꽃〉의 주인공처럼 그리고 있다. 그것은 어쩌면 작가의 부인에 대한 회한 때문에 설정된 인물의 차용일 것이다. 뿌리가 썩어 다른 화분에 옮겨 심었던 동백의 이파리가 말라가고 있는 것을 작가는 자신의 사랑과 관심의 결여로 후회하고 있는 것처럼. "누가 관심을 사랑이라 했던가, 아니 사랑이 관심이라 했던가. 아무튼 풀 한 포기 가꾸는 데도 애정으로 보살펴야 한다는 걸 뒤늦게 깨달으며 무관심을 자책했다."가 그것이다. 점순의 사랑 고백을 눈치 채지 못한 아둔함, 그 순박함은 자연과 같다는 물아일체의 미학과 맞닿아 있다.

다른 하나의 동백꽃 사연은 동백나무의 '꽃순' 인가 '잎순' 인가를 놓고 '내기' 하는 부부의 에피소드이다. 이 에피소드에서 작가는 진다. 그러나 작가는 진 턱으로 '동백꽃으로 유명한 오동도' 를 구경시켜준다는 약속을 지키지 못한다. 그리고 아내를 떠나보내게 된다. 그 회한을 작가는 이렇게 표현하고 있다.

비바람, 눈서리 모진 겨울을 이겨내고 붉게 피워내는 꽃. 그걸 초여름부터 준비하는 치밀한 자연의 법칙에 다시 한번 숙연해졌다.

차나무과에 속하는 늘 푸른 키나무. 산다화山茶花라고도 부르는 동백. 다른 식물들이 활동하지 않은 겨울에 타는 듯 붉은 꽃을 피우는 정열의 꽃.

아내와 그때 한 약속을 지키지 못한 채 오늘 혼자 동백을 망연히 바라본다.

–수필 〈동백꽃 사연〉 결말 부분

이 인용문은 수필 〈동백꽃 사연〉의 끝 부분이다. 이 수필에서의 마지막 문장은 "아내와 그때 한 약속을 지키지 못한 채 오늘 혼자 동백을 망연히 바라본다."이다. 작가는 이 수필에서 죽음으로 인한 아내의 부재를 굳이 이야기 하

지 않는다. 아내에 대한 사랑도 동백꽃 사랑을 통해 우회적으로 표현한다. 그리고 아내에 대한 이미지를 또한 표상을, 위의 인용문처럼 "늘 푸른 키나무, 산다화山茶花라고도 부르는 동백. 다른 식물들이 활동하지 않은 겨울에 타는 듯 붉은 꽃을 피우는 정열의 꽃"인 동백으로 그리고 있다.

작가 서정환의 사랑의 꽃이 동백이라면, 작가의 서정의 시작은 철길이다. 작가는 수필 〈평행선〉에서 자신의 사랑과 삶의 모습을 철길로 은유한다.

그러나 기차를 타는 일보다 철길을 걷는 것을 더 좋아했다. 두 줄로 나란히 그리고 무한히 뻗어있는 철길. 평행선을 주욱 그어 놓은 철로에 서면 영원히 만나지 못하는 두 레일이 까마득한 곳에서 소실점으로 만난다. 그게 신비해서 자꾸만 앞으로 걸어갔던 유년시절-.

어려서는 산골에서 자랐기 때문에 철길을 만나지 못했다. 고작해야 꼬불꼬불한 산길이었다. 다만 동네 앞으로 꽤 넓은 신작로가 외길로 나 있었을 뿐이었다. 그때는 이 신작로가 내게 미지의 세계에 대한 꿈을 키워주었다.(...)

결혼 전, 철길은 아내와 내가 무던히 거닐었던 길이다. 그래서인지 결혼해서는 철길처럼 살아오지 않았나 생각되기도 한다.

두 줄기로 끝 간 데 없이 뻗어있는 레일. 철길은 평행선이어서 서로 만날 수 없지만 기차를 통하여 하나로 만난다. 승화된 만남이다.

철로는 철저한 평행선이어야 한다. 행여 어디 한군데서라도 만나면 사고가 난다.

아내는 철로 역할을 충실히 해주고 있다. 내가 휘어지면 같이 휘어져 주고 내려가면 같은 높이로 내려가 주었다.

-수필〈평행선〉에서

이 인용문에서 작가는 아내를 '철로鐵路'로 비유한다. 자신이 "휘어지면 같이 휘어져 주고 내려가면 같은 높이로 내려가 주"는 철로로 표현한다. 그리고 평행선으로 영원히 나갈 수밖에 없는 철로의 숙명을 극복하고 승화된 만남을 기차를 통해서 성취할 수 있다고 말한다. 여기에서의 '기차'가 의미하는 바는 아들과 딸일 수도 있고, 작가의 자연인으로서의 삶인 출판인쇄문화를 의미할 수도 있다. 평행선이라 만날 수는 없어도 언제나 영원히 나란히 같이 갈 수 밖에 없는 철로 길을 작가는 자신의 삶으로 비유하고 있는 것이다.

그렇다면, 작가는 자아를 어떻게 인식할까? 이쯤에서 정리해도 좋을 것 같다. 앞의 〈동백꽃 사연〉에서 우리는 작가를 김유정의 소설 〈동백꽃〉의 주인공으로 자신을 표상하고 있는 것은 아닌가에 의혹을 가졌다.

이러한 의혹은 그의 수필 전편에서 가질 수 있겠지만, 수필 〈편백나무도 아프다〉에서 작가는 자신을 편백나무에 비유하고 있는 것은 아닐까하는 의혹을 갖게 한다.

수필 〈편백나무도 아프다〉는 이렇게 시작된다. "건지산 편백나무 숲에는 사람들이 많이 찾아온다. 건강을 찾기 위해 온 사람들이다. 시내와 인접해 있어서 그런지 종종 아는 얼굴을 만나기도 한다. 숲에는 판자로 편편하고 비스듬한 나무길을 만들어 놓아 노인들이나 몸이 불편한 사람들도 이용하기 쉽게 만들어 놓았다. 산 중간쯤 나무길 끄트머리에는 비를 그을 수 있게 지붕이며 의자를 놓은 쉼터가 있다. 지붕이 있는 곳은 주로 여인들 차지이고 조금 위에 있는 의자만 빙 둘러 놓여 있는 곳은 노인들의 토론장이 된다."가 그것이다. 그리고 결말부분은 "편백나무 숲은 사람들 때문에 몸살을 앓고 있다. 나무들의 신음 소리가 온 산을 뒤덮는 듯하다. 사람들은 너무 오만해서 자신들의 건강만 챙겼지 나무는 거들떠보지 않는다. (…) 나무뿌리가 비명을 지르고 있다. 어떤 이는 공기 맑은 숲에서도 마스크를 눈언저리까지 올려 쓰고 모자는 푹 눌러써서 누군지 알 수 없게 하고 다닌다. 사람들은 자기 몸은 지독히 아끼면서 왜 나무의 비명은 외면할까. 지치고 아픈 나무는 어디에서 치유 받아야 하나."로 끝맺는다.

이렇게 조야하게 일별할 때, 수필 〈편백나무도 아프다〉는 생태수필로 분류될 수 있는 글이다. 자신을 보호하기 위해 피톤치드라는 항균물질을 발산하는 편백나무. 그 향균물질인 "피톤치드의 구성물질은 테르펜을 비롯한 페놀 화합물, 알카로이드 성분, 글리코시드 등이"며, "자신을 위협하는 각종 해충, 병균, 곰팡이, 박테리아 등에게는 무서운 킬러의 역할을 하지만 인간에게는 도리어 이롭게 작용한다"와 같은 의학적 상식이나 교양을 주기 위한 수필로 보이지만, 이 수필은 작가 자신이 편백나무가 되어 그 나무를 대변해주고 있는 한편, 작가가 그 편백나무라는 인식화 과정으로 인해 이 수필은 창작되지 않았을까 하는 의혹을 갖게 한다.

작가 서정환은 오토바이를 타고 다닌다. 수필 〈오토바이와 나〉에서 스스로 밝힌다. "오토바이는 나의 애마이다. 오토바이에서만 느낄 수 있는 시원, 화끈한 매력을 떨칠 수 없기 때문이다."가 그것이다. 그리고 가족들의 만류에도 불구하고 오토바이를 타는 이유를 '자유' '풍류도' '열리는 가슴' 때문이라고 한다.

오토바이는 바람이다. 바람. 그래, 바람을 맞으며 달려본 사람은 안다. 얼마나 가슴속까지 시원해지는지를. 그때의 그 자유함이라니…….

신라의 화랑도들은 명산대천을 유람하면서 호연지기를 길렀다. 아마 그들도 산과 들에서 바람을 맞으며, 온 세상이 내 품에 안기어 오는 환희를 느끼지 않았을까. 그래서였는지는 몰라도 화랑도의 정신을 풍류도風流道라 불렀다.

그런 면에서 보면 스트레스 해소에 오토바이가 한몫한다는 말도 일리가 있지 싶다. 실제 내가 경험한 바로는 느린 속도로라도 시내를 한 바퀴 돌고 오면 가슴이 시원하게 뚫리고 스트레스는 간 곳이 없다.

어느 책에서 본 말이 떠오른다. 바람을 많이 맞으면 가슴이 열리는데 요가에서는 인체의 네 번째 차크라인 '아나하타' 차크라는 바람을 상징한다고 한다. 그물에 걸리지 않는 바람의 작용을 명상할 때 '아나하타' 차크라, 즉 가슴이 열린다고 한다.

자가당착적인 해석인지는 몰라도 나야말로 바람의 자유를 실감하고 있는 '신풍류도' 라 할 수 있지 않을까.

–수필 〈오토바이와 나〉에서

위의 인용문에서 "오토바이는 바람이다" 라는 비유는 신선하다. 이 문장을 은유구조로 볼 때, 그 속에 담기게 되는 의미는 많아진다. 그것을 이 수필은 '자유' '신풍류도', 요가에서의 네 번째 챠크라인 '아나하타' 로 설명한다. 그리고, ≪삼국지≫에 나오는 여포가 타고 다녔던 '적토마' 에 비유한다. 대단한 오토바이 사랑이다. 그 사랑의 표현이 너무 지나친 것은 아닐까라는 의혹이 들만큼. 그러나 작가의 의도는 마지막 단락을 보면 풀리게 된다.

그런데, 그런데도 말이다, 이 매력 덩어리를 멀리하라고 주위의 압력이 너무 거세서 요즘은 오토바이를 마굿간에다 매놓은 채 바라만 보고 있다. 그뿐인가. 차를 직접 운전하면 멀미 같은 건 하지 않으니 방향을 바꾸라고 꼬드기기까지 하니 진퇴양난이다. 어찌할 것인가—. 어디 한번 공청회라도 열어야 할꺼나?

—수필 〈오토바이와 나〉에서

위의 인용문은 해학적이다. 위트와 유모어가 있다. 긍정적인 여유가 있다. 수필의 톤(tone)은 이것이다라는 내면의 외침(?)이 있다.

"오토바이는 바람이다"라는 비유는 작가에게 있어 한 사물에 대한 하나의 비유에 지나지 않을 수도 있다. 그러나 이를 확대 해석하면, '오토바이' 라는 사물은 우리의 인 삶, 인생을 '바람' 에 비유한 것으로 이해해도 좋을 것이다. 우리가 무심코 내뱉는 '삶은 이런 것이야' 라는 답을 제시하는 것일 수 있다는 말이다. 그러나 활자매체인 문학이 어떤 경우라도 폐기처분되지 않을 것이라는 확신, 출판문화는 영원할 것이라는 작가의 확신이 '바람' 이라는 반어적 표현으로 나타난 것이 아닐까하는 생각을 갖게 한다.

지금까지는 그러하다. 수필집 《동백꽃 사연》을 통해서 볼 때, 서정환 작가는 가족과 전주를 사랑하는 것처럼 문학을 사랑한다. 출판 · 인쇄를 사랑한다. 이에 대해 공청회를 열어도 종합결론은 그렇게 나올 것이다. 그가 출판 인쇄인이고 작가인 것처럼, 그가 완판본인 것처럼 이 진실은 자명하다.

서정환 수필집
동백꽃 사연

인쇄 2013년 08 월 15일
발행 2013년 08월 20일

지은이 서정환
발행인 서정환
펴낸곳 신아출판사
주소 전주시 완산구 공북1길 16(태평동)
전화 (063) 275-4000 · 0484 · 6374
팩스 (063) 274-3131
이메일 shina321@chol.com sina321@hanmail.net
출판등록 1984년 8월 17일 제28호
인쇄 · 제본 신아문예사

Designed by Park Rae Hoo · www.raehoo.com · 02-742-9991

저자와 협의, 인지는 생략합니다.
잘못된 책은 바꿔 드립니다.

ISBN 978-89-5925-976-2 03810
값 15,000 원

「이 도서의 국립중앙도서관 출판시도서목록(CIP)은 서지정보유통지원시스템 홈페이지(http://seoji.nl.go.kr)와 국가자료공동목록시스템(http://www.nl.go.kr/kolisnet)에서 이용하실 수 있습니다.(CIP제어번호: CIP2013015432)」

Printed in KOREA

이 책은 전라북도문화예술진흥기금의 일부를 지원받아 발간하였습니다.